원시인도 아는 경제 이야기

교과서가 쉬워지는 교과서 3 원시인도 아는 경제 이야기 - 경제의 역사

초판 1쇄 발행 2011년 9월 23일
초판 8쇄 발행 2021년 5월 10일

글쓴이 김현주 | **그린이** 김상인 | **펴낸이** 김민지 | **펴낸곳** 미래M&B
등록 1993년 1월 8일(제10-772호) | **주소** 04030 서울시 마포구 동교로 134(서교동 464-41) 미진빌딩 2층
전화 02-562-1800 | **팩스** 02-562-1885 | **전자우편** mirae@miraemnb.com
홈페이지 www.miraei.com | **블로그** blog.naver.com/miraeibooks | **인스타그램** @mirae_ibooks

ISBN 978-89-8394-672-0(74320) | ISBN 978-89-8394-656-0 (세트)

＊잘못 만들어진 책은 구입처에서 바꾸어 드립니다.
＊이 책은 저작권법에 따라 한국 내에서 보호받는 저작물이므로 무단 전재와 복제를 금합니다.

아이의 미래를 여는 힘, **미래 i 아이**는 미래M&B가 만든 유아·아동 도서 브랜드입니다.

교과서가 쉬워지는 교과서 ❸

원시인도 아는
경제 이야기

원시 공동체에서
현대 자본주의까지
경제의 역사

김현주 글 | 김상인 그림 | 우석훈 감수

미래i아이

여는 글

다 같이 잘 먹고 잘사는 사회를 위해

우리는 누구나 경제적으로 풍요로운 사회를 꿈꿉니다. 경제적으로 성장한 나라의 사람들이 교육 수준도 높고, 수명도 길고, 복지 혜택도 많이 누린다는 것을 알기 때문이지요.

물론 경제적으로 성장한 나라라고 해서 모든 이들이 고르게 그 혜택을 누리는 것은 아닙니다. 산업 혁명기의 영국은 유럽에서 가장 획기적인 경제 발전을 이룬 나라였지만, 일반 서민들의 생활은 비참할 정도로 가난했습니다.

이는 민주주의의 본고장이라는 고대 그리스나 로마도 마찬가지였습니다. 그리스는 노예 노동을 바탕으로 경제를 발전시켰고, 로마 역시 가난한 농민들의 고통을 바탕으로 농업 경제를 일으켰으니까요.

현대 사회에서는 신분제에 따른 차별도 없고, 기업이 노동자들을 마음 놓고 부리지도 못합니다. 대신 '경쟁'이라는 새로운 규칙이 있지요. 기업끼리도 개인끼리도 경쟁을 통해서 승자와 패자를 가립니다. 그리고 경쟁에서 패배한 기업이나 개인은 그 결과에 승복해야 합니다. 어찌 보면 현대인들은 신분제 사회나 강압적인 노동을 강요했던 초기 산업 혁명기에 비해 매우 공정한 규칙에 따라 살아가는 것만 같습니다.

하지만 조금만 들여다보면 경쟁이라는 것이 결국 더 많이 가진 자가 이길 수밖에 없는 규칙임을 알 수 있습니다. 재력 있고 높은 학력을 지닌 부모한테서 태어난 아이는 그렇지 않은 아이에 비해 경쟁에서 이길 가능성이 클 수밖에 없습니다.

그런데도 경쟁 중심의 사회에서는 가난함의 책임은 개인에게 있다고 주장합니다. 그래서 사회가 경제적으로 성장했는데도 여전히 가난하다면 게으르고 노력하지 않아서 그런 거라며 개인에게 그 책임을 떠넘기지요.

1만여 년 전 시작된 신석기 혁명 이후 인류는 한시도 쉬지 않고 경제적 능력을 발전시켜 왔습니다. 덕택에 생산 기술이 발전하고 생산의 양도 어마어마하게 늘었지요. 그런데도 사람과 사람 사이에 이익을 어떻게 나눌 것인지에 대한 고민은 더디기만 합니다. 경제가 성장한다는 것은 곧 더 많은 물건을 만들고, 더 많은 돈을 버는 것뿐만 아니라 그 혜택을 공정하게 나눈다는 것을 포함시켜야 합니다. 그래서 소수가 아닌 국민 모두가 경제적 혜택과 풍요를 누릴 수 있는 사회가 하루 빨리 만들어졌으면 좋겠습니다.

차례

1장. 농업 발달과 도시 국가의 형성

농사를 짓기 시작한 사냥꾼들 • 12
- 농사를 짓기 전 사람들은 어떻게 살았을까?
- 인류는 왜 농사를 짓게 되었을까?
- 인류는 어떻게 정착 생활을 하게 되었을까?
- 사유 재산은 어떻게 생겼을까?

왕의 지배를 받는 도시 국가 • 24
- 전쟁은 왜 시작됐을까?
- 도시 국가는 어떻게 만들어졌을까?
- 왕은 어떻게 권력을 쥐게 되었나?

물물 교환은 너무 어려워! • 34
- 물물 교환은 어떻게 이루어졌을까?
- 화폐는 왜 만들어졌을까?

2장. 고대 국가의 경제 발달

 **노예 노동이 발달한 그리스, 로마 • 42**

- 그리스는 왜 해상 무역이 발달했을까?
- 노예는 왜 생겼을까?
- 포에니 전쟁은 왜 노예를 양산했을까?
- 라티푼디움과 농민의 몰락

 이슬람 상인의 세계 진출 • 54

- 고대 무역의 주역이었던 이슬람 상인
- 이슬람 문화가 유럽에 미친 영향은?
- 바그다드는 어떻게 고대 세계 교역의 중심지가 됐을까?

3장. 중세 유럽의 장원제와 도시의 발달

🛢 농민이 생산한 모든 것은 영주와 교회의 소유 • 64
- 장원제란?
- 노예와 농노는 어떻게 다를까?
- 중세 교회는 어떻게 부자가 됐을까?

🛢 성장하는 중세 도시, 단결하는 상인들 • 72
- 상인 길드란?
- 도시의 자유는 농노에게 어떤 영향을 미쳤을까?

🛢 화폐 경제의 발달, 돈이 돈을 번다? • 80
- 중세 사람들은 이자에 대해 어떻게 생각했을까?
- 상업의 발달은 이자에 대한 생각을 어떻게 바꾸었을까?
- 부유한 상인들은 어떻게 힘을 얻게 되었나?

🛢 식민지를 통해 부강해진 유럽 • 90
- 은과 금을 찾아라!
- 식민지는 원료만 만들어 내라?
- 모험상인조합 회사와 유럽의 식민지 개척

4장. 산업 혁명의 그늘

울타리치기로 공장 노동자가 된 농민들 • 102

- '울타리치기'는 왜 일어났을까?
- 농민들은 왜 공장으로 갔을까?
- 증기 기관의 발명은 어떻게 산업 혁명에 기여했나?
- '보이지 않는 손'
- 애덤 스미스는 왜 정부의 간섭을 반대했나?
- 시민 혁명은 왜 일어났을까?

5장. 세계 경제의 새로운 도약

미국 주식 시장의 몰락과 세계 대공황 • 122

- 공황은 왜 일어났을까?
- 국가가 시장에 개입하라!

2차 세계 대전 이후 자본주의의 재건 • 130

- 미국은 왜 유럽 살리기에 발 벗고 나섰을까?
- 유럽의 재건 정책이 성공한 까닭은?
- 세계화 시대, 왜 빈부의 격차는 커져만 갈까?

1장

농업 발달과 도시 국가의 형성

인류의 경제 활동은 농사를 지으면서 본격적으로 시작되었다고 할 수 있어요. 농사를 짓게 되면서 더 이상 떠돌아다니지 않고 한 곳에서 마을을 이루고 살면서 먹을거리를 계획적으로 생산할 수 있게 되었으니까요. 그러면서 물물 교환도 하고 무역도 하게 되었지요.

하지만 인류가 처음부터 쉽게 곡식을 재배할 수 있었던 것은 아니에요. 한번 농사지은 땅은 영양분이 부족하여 다음 해에는 파종하기가 어려웠어요. 예고도 없이 찾아오는 홍수나 가뭄으로 일 년 동안 공들인 곡식을 몽땅 잃기도 했고요. 결국 이러한 어려움이 사람들을 지혜롭게 만들었어요. 쟁기를 만들어 땅을 깊숙이 갈아엎어 파종을 하고, 힘을 모아 둑을 쌓고 저수지를 만들어 가뭄과 홍수에 대비했지요.

이렇게 해서 사람들은 농사짓기를 발전시켜 나갔고, 국가의 형태를 갖춰 가기 시작했어요.

오래전 사람들의 생활 모습을 살펴볼까요?

농사를 짓기 시작한 사냥꾼들

뉘엿뉘엿 해가 넘어가기 시작하자 마을 여자들은 나뭇가지를 모으고 불을 피우는 등 부산하게 움직였다. 초원으로 사냥 나간 남자들이 돌아올 시간이 된 것이다.

그런데 사냥꾼들은 해가 채 기울기도 전에 돌아왔다. 하나같이 표정이 어두웠다. 마을 사람들은 굴샤르 아저씨 어깨에 얹혀 있는 달랑 한 마리뿐인 영양을 보고 사태를 짐작했다.

굴샤르 아저씨가 사냥감을 바닥에 내려놓으며 침울하게 말했다.

"초원에 동물이 없어요."

땅에 고꾸라져 있는 작은 영양을 바라보며 사람들은 아무 말 없이 붙박아 놓은 것처럼 서 있었다.

"겨울이 오기 전에 이곳을 떠나야 해."

누군가 낮은 목소리로 말했다. 그 소리를 듣는 사람들의 얼굴빛이 더욱 어두워졌다.

"어디로 가죠? 어디 가든 동물들이 없다면 마찬가질 텐데……."

한 여인이 울먹이며 말했다.

"올 겨울은 여기서 지내 보지."

구석에 쭈그리고 앉아서 이야기를 듣고 있던 할머니가 사람들 가운데로 걸어 나왔다. 할머니는 주머니에서 밀알 한 움큼을 꺼내 보였다.

"두 해 전 가을바람에 실려 와 요 앞 공터에 싹을 틔웠네. 작년 봄에는 나 혼자 먹을 만큼은 거뒀는데, 남은 밀알을 땅에 묻었더니 올 봄엔 제법 알맹이가 나왔다네. 나와 딸, 그리고 손자까지 굶주림을 면했지."

"겨우 그거 가지고 어떻게 겨울을 나요?"

"그래요. 더 추워지기 전에 이곳을 떠나야 해요."

굴샤르 아저씨가 밀알을 가만히 보다가 말했다.

"새로운 방법을 찾아야 합니다. 우리가 지금까지 했던 것 말고 다른 것이요. 짐승을 사냥하고 숲에서 먹을 것을 얻는 것 말고요."

"그래요. 할머니가 밀알을 키웠잖아요. 일 년만 참으면 더 많은 밀을 얻을 수 있을지 몰라요. 이곳에 계속 살면서 곡식을 만들어 낼 수 있다고요."

"사람이 곡식을 만들다니 말도 안 돼."

할머니는 웅성거리는 사람들을 향해 큰 소리로 말했다.

"숲이 변했어. 초원도 더 이상 우릴 먹여 살리지 못한다고. 뭔가 방법을 찾아야만 해!"

결국 마을 사람들은 남아서 곡식을 키워 보겠다는 쪽과 새로운 초원을 찾아 떠나겠다는 쪽으로 나뉘었다.

며칠 뒤 새벽, 한 무리의 사람들이 남쪽을 향해 걷기 시작했다. 남은 사람들이 손을 흔들며 잘 가라고 소리쳤다.

이제 마을에는 농사를 짓기로 결심한 사람들만 남게 되었다.

농사를 짓기 전 사람들은 어떻게 살았을까?

아주 오래전 구석기 인은 주로 사냥과 채집 생활을 했어요. 초원에서 짐승을 사냥해서 고기를 얻거나 숲에서 열매를 따고 강에서 물고기를 잡아먹으면서 살았지요. 이렇게 자연에 인공적인 힘을 가하지 않고 자연의 산물을 직접 얻는 것을 '채집 경제'라고 해요. 인류는 아주 오랜 시간을 이런 채집 경제에 의

존해서 살았어요. 10만 년 전에는 네안데르탈인이 출현해서 사냥과 채집을 시작했고, 그 후 5만 년 전 즈음에는 호모 사피엔스라는 현재와 비슷한 인류가 출현해서 역시 사냥과 채집 생활을 했어요. 기원전 1만 2천 년 경 인류가 농사를 짓기 전까지 말이에요.

　남자는 주로 사냥을 하고, 여자와 어린 아이는 숲에서 열매나 뿌리를 채집하고, 물고기를 잡았어요. 사냥감이 언제나 풍족한 것은 아니어서 기본적인 식량을 채집하는 여자와 어린 아이의 역할이 중요했지요. 숲에서 따온 열매와 다양한 식용 풀들은 비타민을 비롯한 여타의 영양분을 섭취할 수 있는 주요 식량이었거든요. 가족이라는 개념은 없었지만 아이들과 어머니의 관계는 돈독했다고 해요.

그런데 이 시대에는 사냥한 고기도, 채집해 온 열매, 생선도 바로바로 먹지 않으면 안 되었어요. 저장할 수 있는 기술이 없었거든요.

먹을 때에는 누구 할 것 없이 공평하게 나눠 먹었어요. 특별히 공이 많다고 더 많이 먹거나 가져가지 않았어요. 누군가의 능력을 과하게 인정해 버리면 공동체가 유지되기 힘들다고 생각했기 때문이에요.

이처럼 숲과 초원에 의지해서 살았지만 구석기 인은 나름대로 건강하고 풍족했어요. 하지만 곧 커다란 시련에 맞닥뜨리게 돼요.

인류는 왜 농사를 짓게 되었을까?

지금으로부터 1만 2천 년 전, 지구에 마지막 빙하기가 들이닥쳐요. 이때 주요 식량인 동물들이 거의 멸종하고, 살아남은 동물들도 살길을 찾아 따뜻한 곳으로 떠나 버렸어요. 이 바람에 인류는 생계를 유지하기 힘든 상황에 처하게 되지요. 그동안 꾸준히 늘어난 인구도 여간 부담스러운 게 아니었고요.

이제 인류는 새로운 선택을 해야만 했어요. 그것이

바로 농사였지요. 비록 지금과 같은 형태의 농사는 아니었지만 숲과 초원에서 사냥과 채집으로 충당했던 식량을 인류가 직접 재배하고 기르게 된 거예요.

채집은 원시적인 형태의 곡물 재배로 발전하고, 이는 다시 땅을 갈아서 농사를 짓는 '경작 농업'으로 발전해요. 또한 짐승을 길들여 가축으로 기르기 시작했고요. 이로써 안정적으로 식량을 확보했을 뿐 아니라, 농사에 가축을 이용

하면서 더 많은 식량을 생산하게 되지요.

이같은 변화는 서남아시아, 인도, 아프리카, 북아시아, 동남아시아, 중남아메리카 등 전 세계 다양한 장소에서 독립적으로 일어났어요. 즉, 한 지역에서 농사짓는 기술을 발명해서 전 세계에 퍼뜨린 것이 아니라 모든 지역에서 조금씩 저절로 발전했다는 것이지요.

농사의 시작은 신석기 시대 '혁명'이라고 할 만큼 인류에게 획기적인 경험이자 사건이었어요. 자연에 전적으로 의존했던 채집 경제 시대를 넘어서서 인간이 스스로 계획하고 자연을 이용하여 생산물을 만들어내는 역사가 시작되었으니까요.

인류는 어떻게 정착 생활을 하게 되었을까?

신석기 시대에 농업을 시작하면서 사람들은 정착 생활을 할 수 있었어요. 특히 티그리스 강과 유프라테스 강 유역의 사람들은 1만 3천 년 전부터 밀과 보리 등 야생 작물을 채취하는 데 힘을 쏟았어요. 다른 지역에 비해 사냥감이 유난히 부족했기 때문이지요. 이렇게 야생 곡물에 대한 의존도가 높다 보니 이곳 사람들은 일찍부터 정착 생활을 했어요. 이

곳저곳 떠도는 생활을
하면서 곡물을 수확할 수는 없었으니까요.

 신석기 시대의 농업은 가족을 중심으로 이루어졌어요. 농사를 짓게 되면서 인류는 아버지와 어머니, 그리고 자식으로 구성된 가족을 형성하고, 생산 활동도 가족 안에서 분업 형태로 이루어졌어요. 어린 자녀들도 염소나 돼지 같은 가축을 돌보고 키우는 등 큰 몫을 담당했지요.

 한편 이 시기에는 먹고 남은 식량을 오랫동안 저장하기 위해서 토기(흙으로 만든 그릇)를 만들었어요. 먹고 남은 식량을 어려운 말로 '잉여 생산물'이라고 해요. 구석기 시대에는 사냥하고 남은 고기가 있어도 저장할 방법이 없어서 버리거나 최대한 먹어서 없앴어요.

하지만 신석기 시대에는 농업의
발달로 잉여 생산물이

많아졌고, 토기를 만들어 그것을 저장했어요. 이로써 농업은 더욱 발전할 수 있었답니다.

사유 재산은 어떻게 생겼을까?

가족을 중심으로 한 생산 활동과 잉여 생산물을 보관할 수 있게 되면서 신석기 시대에는 자연스럽게 '사유 재산'이 생겨났어요.

구석기 시대에는 가족의 개념 없이 모든 이가 하나의 공동체가 되어 그날그날 자연에서 얻은 식량을 골고루 공평하게 나누어 먹었어요. 큰 힘 들이지 않고 사냥과 수렵만으로도 식량을 구할 수 있었던 때라 특별히 소유에 대한 개념이 없었지요. 필요하면 그때그때 구하면 되었으니까요.

그러나 신석기 시대 농업 혁명을 거치면서 사람들의 이런 생각은 바뀌게 돼요. 농업은 농사짓는 이의 노력에 따라서 얼마든지 생산량이 달라져요. 더욱이 가족 단위로 지었기 때문에 거두어들인 수확물은 고스란히 가족의 것이 되었지요. 자연히 더 많은 경작지를 일구어서 더 많은 수확물을 얻은 가족과 조금밖에 얻지 못한 가족 간에 차이가 생겨났어요. 처음에는 수확 차이가 크지 않았지만 시간이 지날수록 가족 간 수확물의 차이가 벌어지면서 재산의 차이가 생겨났어요.

그러다 보니 노동력을 확보하기 위해 될 수 있으면 많은 아이를 낳으려고 했지요. 그래서 이 시기에는 다산, 즉 아이를 많이 낳는 것이 미덕이었어요. 정착 생활과 농사를 지어 안정적으로 식량을 얻을 수 있었던 것도 이를 가능하게 했어요. 때문에 이 시기에는 인구가 눈에 띄게 늘었답니다.

왕의 지배를 받는 도시 국가

"아이샤, 이건 조심해서 다루거라. 가장 좋은 효모로 만든 맥주란다. 칼리드 댁에 드릴 거야."

열한 살의 아이샤는 어머니가 가리킨 붉은색 토기를 조심스럽게 두 손으로 잡고 배에 옮겨 놓았다. 열 개 남짓한 토기들을 싣고 판자 배에 올라탄 아이샤와 어머니는 천천히 노를 저어 운하의 중앙으로 나아갔다.

아버지가 전쟁에 나가 싸우다가 돌아가신 뒤로 아이샤와 어머니는 농사일을 그만두고 술을 만들어 살아갔다.

"아이샤, 저쪽 아미나 아주머니 댁 앞에 서거라."

어머니가 지목한 집은 옷감을 만드는 집이었다. 어머니는 맥주가 가득 든 토기 하나를 그 집에 주고 옷감을 가슴에 안고 배로 돌아왔다. 양모로 만든 부드러운 옷감이었다.

다시 운하를 미끄러져 내려가던 두 사람은 빵을 굽고 있는 집에 들러 맥주를 건네주고 바구니 가득 빵을 받았다. 다음 집은 청동 금속을 만드는 집이었다. 구리와 주석을 섞어 만든 단단한 칼과 그릇을 맥주 단지와 교환했다.

아이샤와 어머니는 이렇게 차례차례 필요한 물건을 맥주와 바꾸어 배에 싣고 마지막으로 칼리드 집으로 향했다. 칼리드 집은 넓은 정원을 갖춘, 돌과 구운 진흙으로 만든 으리으리한 저택이었다.

칼리드 집 앞에서 맥주를 건네준 어머니는 이번에는 아무것도 받지 않고 돌아왔다.

"칼리드 씨는 왜 아무것도 안 줘요?"

"칼리드 님은 이 도시에서 왕과 가장 가까운 친척이야. 그분께 잘 보여야 우리가 편안히 살 수 있어."

"우리는 왕한테도 술을 바치잖아요?"
"왕은 우리를 전쟁으로부터 보호하잖니!"
"하지만 우리 아버지는 보호받지 못했잖아요!"
"쉿, 소리를 낮춰라. 누가 들으면 어쩌려고 그래?"
어머니는 하얗게 질린 얼굴로 아이샤의 손을 잡아끌고 배에 태웠다.

아이샤는 입을 삐죽이 내밀고 노를 저었다. 아이샤는 아버지가 돌아가시고 집안 형편이 어려워졌다는 것을 알았다. 전쟁에서 이겼는데도 왕은 앞으로 있을 전쟁에 대비한다면서 더 많은 세금을 거두어 들였다.

그날 저녁, 궁에서 나온 병사들이 맥주가 가득 든 토기를 스무 개나 가져갔다. 가장 훌륭한 효모로 만든 최상품들이었다.

"가장 좋은 것은 왕이 다 가져가는군······."

멀어져가는 병사들을 바라보며 아이샤가 혼잣말을 하자, 어머니는 아이샤의 입을 틀어막고 눈에 힘을 주며 나무랐다.

"우리가 계속 맥주를 만들 수 있는 건 모두 왕이 허락하기 때문이야. 그 은혜를 잊어선 안 돼."

아이샤는 도무지 이해할 수 없었다. 먹고 살기 위해 맥주를 만드는 일을 하는데 왜 왕의 허락을 받아야 하는 걸까? 맥주 만드는 방법을 왕이 가르쳐 준 것도 아니고 재료를 주는 것도 아닌데 말이다. 아이샤는 저 멀리 우뚝 보이는 왕의 궁전을 보며 생각에 잠겼다.

전쟁은 왜 시작됐을까?

농업이 발전하면서 식량을 많이 수확하게 되자 먹고 남은 잉여 생산물로 서로 필요한 물건과 맞바꾸는 물물 교환이 나타나요. 뿐만 아니라 가족 단위로 이루어지던 농사도 점차 마을 단위로 넓혀지면서 식량의 양은 더욱 늘어나게 되지요.

그러자 식량을 노리는 도둑 떼가 습격하는 일이 빈번하게 일어났어요. 신석기 시대라고 모든 사람들이 다 농사를 지은 것은 아니니까요. 정착 생활을 거부하며 떠돌아다니던 사람들 중에는 무리지어 식량을 약탈하는 도둑 떼가 되기도 했어요. 이들은 추수기가 지나면 집집마다 저장고에 모아 둔 식량을 약탈하기 위해 혈안이 되었어요. 작은 마을 단위를 이루고 살았던 사람들은 항상 두려움에 떨어야 했지요. 그래서 이들은 애써 농사지은 식량을 지켜 내기 위해 더 많은 사람들과 협력하여 자신들의 수확물을 지키고자 했어요. 자연스럽게 그런 사람들을 선두에서 지휘하는 우두머리가 나타났지요.

    수확이 풍성할수록, 곡식이 잘 썩지 않을수록 마을 우두머리가 사람들에게 행사하는 힘은 커졌어요. 우두머리 주변 사람들도 점차 권력을 쥐게 되었고요. 자연히 이들의 창고도 커졌어요. 우두머리와 주변 권력자들이 마을을 지켜주는 대가로 사람들은 그들에게 옷이나 토기, 집 같은 것을 만들

어 주었어요. 그렇게 우두머리와 주변 권력자들은 점차 들판에서 일하지 않고도 그 자리를 유지하게 돼요. 남은 식량을 저장하고 그것을 관리하고 지키는 것만으로도 충분한 일을 하는 사람으로 인정받기 시작한 것이지요. 마을 공동의 잔치와 교역, 그리고 도둑 떼로부터 마을을 지키기 위한 전쟁에서 능력을 인정받은 우두머리는 그 지위가 하나의 공직처럼 인정되기에 이르러요. 이들은 대인에서 추장으로, 추장에서 군장으로, 그리고 마침내 최고의 권력을 쥔 왕으로 변화하지요.

도시 국가는 어떻게 만들어졌을까?

처음 농사를 지을 때에는 필요한 물을 오로지 하늘에서 내리는 비에 의존했어요. 그러다 보니 가뭄이 들면 흉년을 면하기 어려웠지요. 사람들은 어떻게 하면 필요할 때에 물을 쓸 수 있을까 하고 늘 고민했어요. 그러다가 인구가 늘어 노동력이 풍부해지면서 사람들은 관개 시설을 만들기 시작했어요. 연일 건조한 메소포타미아 지역과 이집트 나일강 지역에서 최초의 도시 국가가 등장한 것도 바로 이 관개 시설과 관련이 깊답니다.

지금의 중동 이라크 지역에 해당하는 메소포타미아 지역에는 티그리스 강과 유프라테스 강이 흘러요. 이 지역은 건조한 기후에도 농사가 잘됐는데, 그 이유는 해마다 강이 범람했기 때문이에요. 매년 일정한 시기마다 강물이 범람해서 농지를 충분히 적시는데다가 범람하고 나서 쌓이는 침전물은 영양분이 풍부했어요. 더군다나 강이 범람한 뒤 건조하고 따뜻한 날씨는 씨앗이 싹트고 이삭이 익기에 알맞았지요.

> **관개 사업**
>
> 농사를 짓는 데에 필요한 물을 논밭에 대는 걸 '관개'라고 한다. 하늘에 의존한 농사를 짓던 인류는 기계를 이용한 관개 시설을 발전시켜 생산량을 높이려고 애썼다. 이러한 관개 사업은 무려 수천 년 동안 진행된 대규모 사업이었고, 그 과정에서 크고 작은 도시 국가가 생겨났다.

처음에는 이러한 자연적인 범람에 의존해서 농사를 짓는 데 만족했어요. 홍수가 물러가면 사람들은 젖은 땅에 씨앗을 뿌리고 물을 길어와 밭이나 과수원을 적셨지요. 이러한 단순한 방식의 물대기가 기계를 이용한 관개 시설로 발전하기까지 수천 년이 걸렸어요.

기원전 4천 년 경, 유프라테스 강 인근 마을은 강물을 끌어들이는 긴 운하를 만들기 시작했어요. 이러한 대대적인 작업은 2천 년 동안 이어졌지요. 그리고 이 관개 사업은 크고 작은 도시 국가, 즉 왕이 지배하는 사회를 형성하는 계기가 되었답니다.

왕은 어떻게 권력을 쥐게 되었나?

왕은 도시민들을 보호하고 대규모 관개 사업을 관리하기 위해 도시 공동의 재산을 관리하는 역할을 했어요. 이에 따라 사람들에게 세금을 거두어들였지요. 처음에는 춘궁기나 전쟁 때에 굶주림을 면하려고 세금을 거두어 공동의 식량을 마련했어요. 왕은 이를 관리하고 나누어 주는 역할을 했지요. 하지만 도시의 규모가 커지고, 인구가 늘고, 직업이 세분화되면서 왕은 모아들인 식량과 각종 생산물을 자신의 재산으로 만들어 갔어요.

"나는 당신들을 전쟁과 기아로부터 보호할 테니 당신들은 그 대가를 지불하시오."

왕의 명령에 복종하면서 사람들은 어느새 누구도 왕에게 대들지 못하게 되었고, 왕은 엄청난 권한을 지닌 우두머리로 인정받기 시작했어요.

물론 이러한 과정이 평화적으로만 이루어진 것은 아니에요. 세금을 거부하거나 왕의 지배에 반발하는 자들은 응징을 당했어요. 이들은 끌려가 벌을 받거나 노예로 전락했지요. 그러면서 사람들은 점차 왕의 권력을 인정하고 받아들였어요.

그런데 왕의 힘이 막강해질수록 농민들은 점점 어려워

졌어요. 수확물의 거의 대부분을 세금이라는 명목으로 왕에게 빼앗겼기 때문이지요.

　왕이 머무는 궁은 화려해지고 왕과 가까운 이들도 권력을 나누어 갖고는 특권층으로 변해 갔어요. 이들은 왕으로부터 더 좋은 농지와 노예를 얻어 재산을 불리며 농사를 비롯한 각종 노동에서 차츰 벗어나 권력층으로 자리매김해 갔어요.

물물 교환은 너무 어려워!

도시에서 물물 교환이 있는 날, 한 여인이 직접 짠 옷감을 들고 사람들이 모여든 공터로 나갔다.

"이 벌꿀 한 통을 줄 테니 옷감 한 필을 주시오."

벌꿀 통을 등에 진 한 사내가 여인에게 흥정을 했다.

"한 통은 너무 싸요. 두 통을 주세요."

"두 통을 달라고요? 말도 안 돼. 한 통이요."

"내가 이 옷감을 짜느라 얼마나 고생한 줄 알아요? 삼 년 동안 키운 양털을 깎아서 사흘 밤을 꼬박 새워 가며 만든 거라고요. 벌꿀 한 통으로는 어림없어요."

"나도 이 벌꿀을 만드는 데 꼬박 일 년이 걸렸소. 산속에서 몇 개월이나 돌아다니며 벌집을 찾아내서 모았단 말이오. 이것 좀 봐요. 팔이며 다리에 벌에 쏘인 자국이 아직도 남아 있지 않소?"

사내는 빨갛게 부어오른 상처를 보이며 볼멘소리를 했다.

두 사람은 한참 동안 각자 물건을 만들기까지 얼마나 고생

스러웠는지를 늘어놓으며 실랑이를 했다. 그러고는 결국 옷감 한 필과 벌꿀 한 통을 바꾸었다.

　여인은 이렇게 수차례 실랑이를 벌이며 옷감 한 필과 반지 두 개를 바꾸고, 옷감 한 필과 옥수수 한 자루를 바꾸었다. 그런데 어느새 해가 뉘엿뉘엿 지고 있었다. 필요한 물건마다 흥정을 하는데 시간이 너무 많이 걸린 것이다.

　"아이 참, 목 아파 죽겠네. 아직 바꿔야 할 물건이 많이 남았는데……."

　여인은 남아 있는 옷감을 보며 안타깝게 중얼거렸다.

물물 교환은 어떻게 이루어졌을까?

농사를 짓고 수확량이 늘면서 자연스럽게 물물 교환이 생겨났어요. 다양한 물건을 만들어낼 수 없었던 시대에 물물 교환은 필요한 물건을 구할 수 있는 유일한 통로였지요.

화폐가 없던 시절 사람들은 어떤 기준으로 물건을 교환했을까요?

물건을 교환할 때마다 사람들은 고민이 많았어요. 이야기 속 여인처럼 말이지요. 여인은 물건을 교환할 때마다 옷감을 만드는 과정이 얼마나 힘들었는지를 따져보고는 이것과 바꿀 물건이 그만큼 값어치가 있는지 비교했어요. 그러고는 적당하다 싶은 생각이 들면 교환을 했지요.

  이처럼 물물 교환을 할 때에는 그 물건이 만들어지는 데 들어간 노동력을 기준으로 삼았어요. 서로 교환하는 물건에 들어간 노동력의 정도가 비슷하다고 여겨질 때 교환을 했지요.

화폐는 왜 만들어졌을까?

물물 교환

물건과 물건을 직접 바꾸는 것으로, 사람들이 자신의 노동을 통해 생산해 낸 그릇, 옷감, 목걸이, 칼, 맥주, 곡식 등의 물건에 일정한 가치를 측정할 수 있을 때 가능하다. 그 가치를 측정하는 기준은 그것을 만드는 데 들어간 사람의 노동이었다.

하지만 물물 교환*은 생각만큼 쉽지 않았어요. 물건이 가지고 있는 가치를 일일이 따져서 바꾸다 보니 여간 번거로운 게 아니었지요. 옷감을 만들어 원하는 물건과 바꾸고자 하는 사람은 옷감 한 필과 벌꿀 한 통, 옷감 한 필과 목걸이 한 개……. 이처럼 옷감 한 필과 바꿀 수 있는 물건들을 매일매일 고민해야 했어요.

이것은 옷감 한 필을 만드는 데 필요한 노동의 정도와 시간을 모두 꼼꼼히 따져서 비슷한 가치들을 계산해서 교환한 거예요. 그러다 보면 다음과 같은 교환도 가능하겠지요.

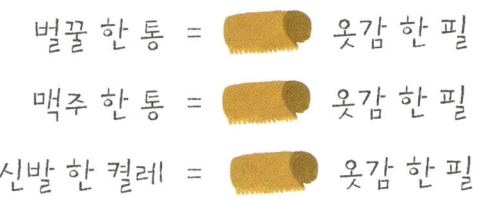

위의 교환과 똑같다고요? 옷감 한 필의 위치가 왼쪽에서 오른쪽으로 바뀐 것뿐이니까 그렇게 볼 수도 있겠네요. 하지만 가만히 생각해 보면 위와 아래의 교환 등식은 전혀 다르다는 걸 알 수 있어요. 위의 교환 등식은 옷감 한 필을 기준으로 삼아 이것과 바꿀 수 있는 다양한 물건들을 고민한 것이고, 아래의 교환 등식은 물건마다 각각 옷감 몇 필과 바꿀 수 있을까를 고민하는 상황이니까요.

옷감 한 필로 살 수 있는 물건을 고민할 때에는 옷감이 그 사회에서 다른 물건들을 교환할 수 있는 기준이 되는 물건이 될 수 있어요. 즉, 옷감 한 필을 기준으로 하여 다른 물건의 가치를 측정했지요. 이때 옷감 한 필은 지금의 화폐와 같은 역할을 한다고 볼 수 있어요.

최초의 화폐

최초의 화폐가 만들어진 곳은 메소포타미아 문명이 시작된 수메르였다.

물물 교환할 때 기준이 되는 물건은 지역마다, 사회마다 다 달랐어요. 대개 곡식이나 소금을 기준으로 삼았지요. 바닷가에 사는 사람들은 조개껍데기를 사용하기도 했어요. 그러다가 금이나 은이 등장하면서 금화나 은화 같은 화폐가 만들어졌어요.

하지만 금화나 은화는 누구나 가질 수 있는 물건이 아니었기 때문에 일부 부유한 계층에서만 사용했고, 교역의 형태는 오랫동안 물물 교환이 주를 이루었어요.

2장

고대 국가의 경제 발달

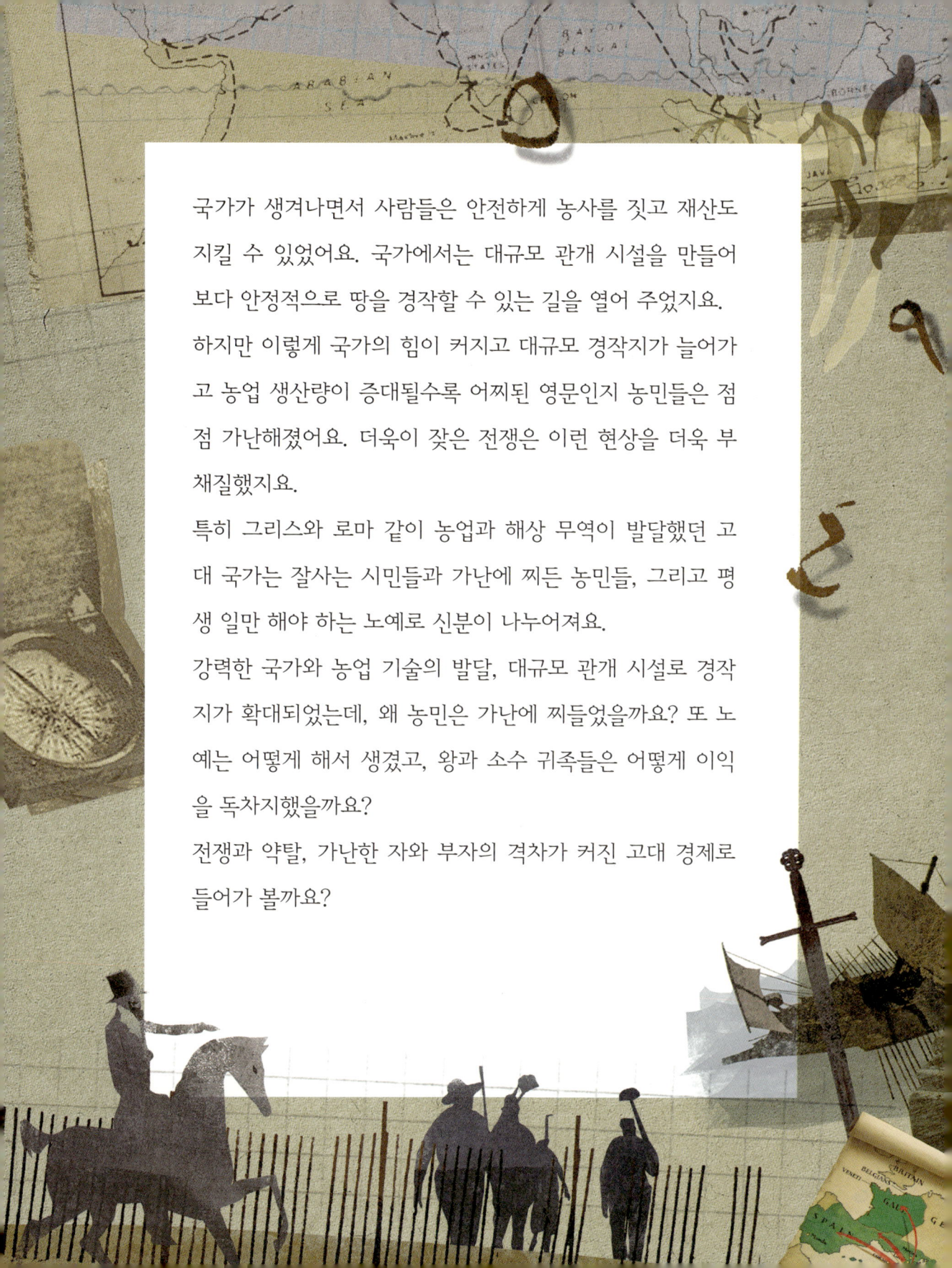

국가가 생겨나면서 사람들은 안전하게 농사를 짓고 재산도 지킬 수 있었어요. 국가에서는 대규모 관개 시설을 만들어 보다 안정적으로 땅을 경작할 수 있는 길을 열어 주었지요. 하지만 이렇게 국가의 힘이 커지고 대규모 경작지가 늘어가고 농업 생산량이 증대될수록 어찌된 영문인지 농민들은 점점 가난해졌어요. 더욱이 잦은 전쟁은 이런 현상을 더욱 부채질했지요.

특히 그리스와 로마 같이 농업과 해상 무역이 발달했던 고대 국가는 잘사는 시민들과 가난에 찌든 농민들, 그리고 평생 일만 해야 하는 노예로 신분이 나누어져요.

강력한 국가와 농업 기술의 발달, 대규모 관개 시설로 경작지가 확대되었는데, 왜 농민은 가난에 찌들었을까요? 또 노예는 어떻게 해서 생겼고, 왕과 소수 귀족들은 어떻게 이익을 독차지했을까요?

전쟁과 약탈, 가난한 자와 부자의 격차가 커진 고대 경제로 들어가 볼까요?

노예 노동이 발달한 그리스, 로마

고대 그리스에는 작은 땅을 일구며 살아가는 농사꾼들이 있었다. 그들은 몹시 가난했다. 헤르더의 가족도 아버지, 어머니는 물론 헤르더와 동생까지 매달려 날마다 열심히

일했지만 좀체 가난에서 벗어나지 못했다.

　산간 지역에서 조금 내려와 있는 헤르더네 경작지는 황무지나 다름없는 땅을 개간한 것이다. 한 해 동안 농사를 지으면 다음 해에는 쉬게 해 주어야지만 겨우 그 다음 해 농사를 지을 수 있는 땅이었다. 땅을 쉬게 해 줄 때에도 비가 오면 땅을 갈아엎어 주는 등 계속 손을 봐야 했다. 그런데도 정작 얻는 곡식은 아주 조금이었다.

　"이곳에서 농사짓는 건 너무 힘들어."

　헤르더는 나날이 지쳐 갔다. 열세 살인 헤르더는 아직 어린 나이인데도 손이 퉁퉁 부르트도록 일해야 했고,

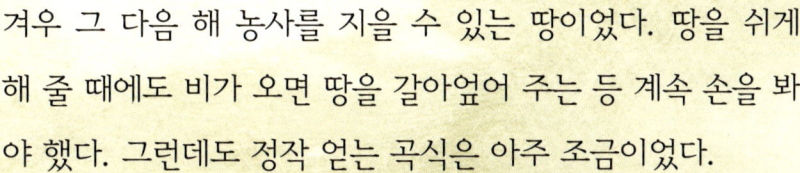

주린 배를 움켜쥐고 잠들기 일쑤였다.
그러던 어느 날, 넓은 평지에서 포도와 올리브를 재배하는 귀족이 헤르더의 아버지를 찾아왔다.
"지난 번 빌려 간 곡식 값은 언제 줄 거야?"
"죄송합니다. 아시다시피 저희 농사가 여의치 않아서요."
헤르더의 아버지는 귀족에게 굽실거리며 사과했다.
"다음 달까지 말미를 주지. 더 이상은 나도 곤란해."
"다음 달은 너무 일러요."
"긴말 필요 없고, 다음 달까지 못 갚겠으면 우리 밭에 와서 일해. 소작료에서 빚을 제해 줄 테니."
"아니, 거기서 일하면 우리 땅은 누가 돌봅니까?"
소작인이 되라는 귀족의 제안에 헤르더의 아버지는 깜짝 놀라 물었다.
"농사도 제대로 안 되는 그깟 땅, 버려둔다고 누가 뭐라고 하겠나?"
다음 달이 되자 헤르더와 헤르더의 아버지, 어머니, 동생들은 모두 귀족의 포도밭으로 일하러 갔다. 온 가족이 매달려 죽어라 일했지만, 겨우 빚을 갚는 정도일 뿐 생활은 조금도 나아지지 않았다. 헤르더 가족은 점점 야위어 갔다. 결국

헤르더의 아버지는 가족들을 굶주림에서 벗어나게 하기 위해 귀족과 노예 계약을 맺었다. 귀족이 헤르더 가족에게 먹을 것과 입을 것, 살 곳을 마련해 주는 조건으로 온 가족이 귀족의 노예가 되기로 한 것이다.

"우리에게도 땅이 있었는데……."

노예가 된 헤르더 가족은 고된 노동에 시달리며 하루하루 힘겹게 살아갔다.

그리스는 왜 해상 무역이 발달했을까?

그리스가 위치한 지중해 연안은 기후, 지형, 토양이 특수하여 '건조법'이라는 독특한 농경 방식이 등장했어요. 지중해 지역은 특성상 토양은 가볍고 부드러웠으며 여름이 길고 건조했어요. 그래서 비가 많이 오는 겨울에 땅에 물기를 저장하려고 농지를 약간씩 자주 갈아 주어야 했지요. 일 년에 한 번씩은 농사를 짓지 않고 쉬게 해 주어야 했고요. 그럴 때에도 보통

서너 번은 밭갈이를 해 주어야 했어요. 이렇게 해야지만 원예, 포도, 올리브 등을 재배할 수 있었어요. 그러다 보니 사람의 노동이 많이 들어갔어요. 그런데도 다른 비옥한 지역에 비해 농지를 개발하기도 힘들었고, 농사를 지어 배불리 먹고 살기도 힘들었지요. 물론 지형이 적합하고 농사가 잘되는 지역도 있었어요. 그런 곳은 대개 귀족이나 부유한 농민이 농지를 소유하고 값싼 농업 노동자나 노예를 이용해 농사를 지었어요.

사정이 이렇다 보니 대부분의 그리스 인들은 농사를 포기하고 바다로 나가 어부가 되거나 상인이 되었어요. 척박한 그리스 땅이 기원전 지중해를 뒤흔든 최고의 상인 집단, 그리스 상인을 만들게 한 셈이지요. 이렇게 해서 그리스는 일찍부터 해상 무역이 발달했답니다.

노예는 왜 생겼을까?

그리스가 해상 무역에 집중하면서 해외에 식민지를 건설하고 상인들의 영향력이 커질 무렵, 농민층은 심각한 어려움을 겪게 돼요. 도시들이 해외에서 곡물들을 수입하기 시작하면서부터 국내 곡물 가격이 폭락했기 때문이지요.

그리스는 해상 무역이 발달하던 초기만 해도 주 농산물이 밀이었어요. 그런데 해외 식민지에서, 그것도 그리스보다 비옥한 농토에서 재배된 값싼 밀이 그리스 안으로 밀려들어 오면서 그리스에서 재배한 밀 가격은 곤두박질쳤어요.

그러자 권력과 재산을 가지고 있는 귀족들은 밀농사를 포기하고 새롭게 투자를 해서 값비싸게 팔 수 있는 포도와 올리브 재배로 바꾸었어요. 하지만 가난한 농민들은 아예 농사짓기를 포기할 수밖에 없었지요. 이들 중에는 귀족의 올리브 밭에 가서 돈을 받고 농사를 짓는 농업 노동자가 된 사람들도 있지만, 헤르더네처럼 노예의 신분으로 전락한 사람들도 많았어요.

왜냐하면 밀농사가 망하면서 가지고 있던 땅을 담보로 빚을 내서 살아야 했거든요. 벌이가 없는 상태에서 빚에 의존해 살다 보니 빚은 순식간에 눈덩이처럼 불어났고, 결국 빚을 갚지 못해서 담보로 잡힌 땅을 부유한 귀족에게 빼앗기는 경우가 늘어났어요. 농민들은 모든 재산을 잃고 빈곤의 나락으로 떨어졌지요.

하지만 이들 몰락한 농민들만이 노예가 된 것은 아니에요. 오히려 이민 노예들의 비중이 더욱 컸다고 할 수 있어요. 그리스는 해상 무역으로 독차지한 지역에 대한 주도권을 잡기 위해 수많은 전쟁을 치렀어요. 이 과정에서 패배한 나라와 도시의 이민자들은 노예가 되어 살아야 했지요. 노예는 인간이면서도 인간으로서의 어떠한 기본적인 권리도 누릴 수 없었어요. 주인은 자기 마음대로 노예를 부리고 매질을 하거나 잔인하게 죽여도 되고 물건처럼 다른 이에게 팔아넘길 수도 있었어요. 그리스 로마 시대는 이러한 노예제가 당연한 것으로 받아들여졌어요.

당시 노예들이 얼마나 많았나 하면 대도시 인구의 4분의 1 내지 절반을 차지할 정도였어요. 그리고 이들 노예들은 농사뿐 아니라 다양한 직종에 종사했어요. 노예들이 실제 그리스 경제 발전의 주역들인 셈이었지요.

포에니 전쟁은 왜 노예를 양산했을까?

이와 같은 노예 중심의 농업 경제는 로마 시대에 들어서도 마찬가지였어요. 로마는 기원전 264년, 카르타고와 전쟁을 치러요. 카르타고는 페니키아 인들이 세운 나라로, 당시 바다를 무대로 해상 무역을 통해 강대해진 대국이었어요. 카르타고의 막강한 군사력과 비교할 때 로마는 전쟁에서 이길 거라는 보장이 없었어요. 하지만 카르타고가 로마의 인근 섬 시칠리아까지 공격해 오면서 위협하자 어쩔 수 없이 전쟁을 벌였지요. '포에니 전쟁'이라고 하는 이 전쟁은, 무려 130년 동안 세 차례에 걸쳐 치르게 돼요. 로마는 이 전쟁에서 우여곡절 끝에 결국 승리를 거두었어요.

전쟁에 승리하면서 로마는 영토가 크게 확대되었어요. 그에 따라 경제 규모도 커졌지요. 그러나 그 혜택은 고스란히 소수 귀족 계층에게 돌아갔어요. 일반 평민들은 혜택은커녕 오히려 생활이 더욱 악화되었지요. 노동 인구의 10퍼센트에 달하는 사람들이 일자리를 잃고 실업자가 되었고요. 전쟁에서 이겼는데 왜 이렇게 많은 사람들이 실업자가 되었냐고요? 그 이유는 바로 영토 확장에 있었어요.

로마의 영토가 확장되면서 다른 지역에서 생산된 밀이 로마로 대량 들어왔거든요. 값싼 밀이 쏟아져 들어오자 밀농사를 짓던 농민들이 타격을 입게 된 것이지요.

고대 국가의 경제 발달

영토 확장과 가난한 농민의 몰락

포에니 전쟁으로 시칠리아 섬을 차지하게 된 로마는 여기에서 수확한 밀을 몽땅 거두어 본국으로 가져갔다. 그 결과 로마 안에 밀이 넘쳐났고, 결국 밀 가격이 폭락하게 되었다. 밀농사를 지을 수 없게 된 농민들은 소작농이 되거나 노예로 전락했다.

농민들은 다른 방도를 찾아야 했어요. 값이 안 되는 밀농사를 포기하고 포도와 올리브 같은 새로운 농사를 지어야 했지요. 하지만 그럴 만한 자금이 없는 영세한 농민들에게 그것은 그림의 떡이나 마찬가지였어요. 결국 그리스의 몰락한 농민들처럼 로마의 가난한 농민들은 빚을 지기 시작했고, 그 빚을 감당하지 못해 소작농이 되었어요. 거기에 대규모 농원 '라티푼디움'까지 농민들의 몰락을 더욱 부추겼지요.*

라티푼디움과 농민의 몰락

라티푼디움이란 '넓고 광활한 토지'라는 뜻으로, 고대 로마 시대의 대토지 소유제를 말해요.

그렇다면 이러한 대토지 소유는 어떻게 가능했을까요?

포에니 전쟁 이후 로마의 재정 상태는 매우 좋아졌어요. 전쟁에서 이긴 대가로 얻게 된 영토는 새로운 경작지가 되었고, 광산, 삼림 등 국가가 소유한 땅이 늘었지요. 전쟁 중에 발생한 패잔병이나 포로들을 노예로 삼았기 때문에 노예도 늘어났고요.

로마의 원로원 의원들과 귀족들은 늘어난 땅과 자금, 노동력을 이용해 로마 곳곳에 대규모 농원인 라티푼디움을 만들었어요. 뿐만 아니라 이들은 전쟁의 승리를 자신의 공으로 내세우며 공직, 군대 지휘권, 점령한 땅의 총독 등을 독점했어요. 공유지를 저렴한 값에 빌리고 몰락한 농민들의 토지를 사들여 라티푼디움을 더욱 확대해 갔지요. 이로써 고대 사회는 지배층과 피지배층으로 확실히 나누어지고 빈부의 격차도 크게 벌어지게 되었답니다.

이슬람 상인의 세계 진출

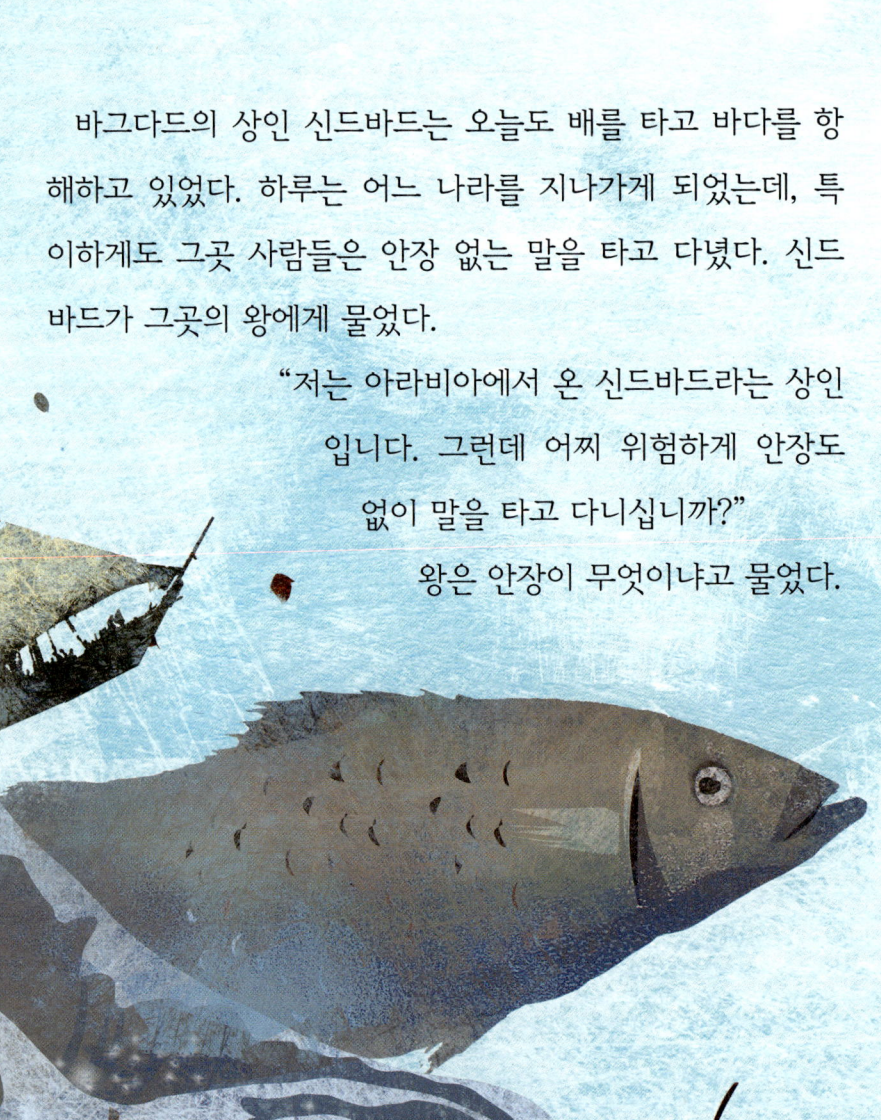

 바그다드의 상인 신드바드는 오늘도 배를 타고 바다를 항해하고 있었다. 하루는 어느 나라를 지나가게 되었는데, 특이하게도 그곳 사람들은 안장 없는 말을 타고 다녔다. 신드바드가 그곳의 왕에게 물었다.
 "저는 아라비아에서 온 신드바드라는 상인입니다. 그런데 어찌 위험하게 안장도 없이 말을 타고 다니십니까?"
 왕은 안장이 무엇이냐고 물었다.

신드바드는 실력 있는 목수를
찾아가 안장 모양을 그려 준 다음
안장 만드는 법을 가르쳐 주었다.
안장이 만들어지자 가죽을 씌우고
담요를 그 속에 넣었다. 신드바드는
이렇게 만든 안장을 비단으로 장식하여
왕에게 가져다주었다.

왕은 매우 흡족해 하며 신드바드에게 상을
내렸다. 그러자 너도나도 안장을 주문했다.
신드바드는 안장을 만들어 팔아 크게
돈을 벌었다.

그 후로도 신드바드는 배를 타고 흑인들이
사는 나라에 도착해 모험을 하기도 하고, 거인
에게 잡혀 거인의 밥이 될 뻔하기도 하는 등 여러
나라를 돌며 온갖 경험을 한다. 그리고 그때마다
그곳의 진귀한 물건들을 사고팔아 재산을 늘렸다.
특히 인도에서 온갖 향신료를 사들여 돈을
벌어들이는 일이 많았다.

고대 무역의 주역이었던 이슬람 상인

 '신드바드의 모험'은 『아라비안나이트』라는 이슬람 설화집에 실려 있는 이야기예요. 신드바드라는 상인이 세계 여러 나라를 돌아다니며 환상적인 모험을 펼치는 이야기지요. 신드바드가 각 나라를 돌아다니며 그곳에서 만난 사람들과 쉽게 친해지고 자유롭게 장사를 하는 모습은 당시 이슬람 상인의 모습을 그대로 보여 줘요.

 이슬람 상인들이 신드바드처럼 바다를 누비던 시절은 8세기경이었어요. 이슬람에서는 일찍부터 과학 기술이 발달해서 배를 만드는 기술이 어느 지역보다 발달해 있었지요. 이슬람 사람들은 커다란 배를 만들어서 더 많은 사람들과 더 많은 물건을 실을 수 있었어요.

바다에서 방향을 가늠하는 기술도 발달해 있었고요. 그래서 이슬람 상인들은 누구보다 자유롭게 바다를 누빌 수 있었어요.

이들이 장사를 했던 지역은 동쪽으로는 신라와 당나라, 인도, 동남아시아에 이르렀고, 서쪽으로는 북아프리카와 에스파냐에까지 이르렀어요.

이들은 가는 곳마다 환영을 받았는데, 그 이유는 발달된 기술과 지식을 나누는 데 인색하지 않았기 때문이에요. 신드바드가 안장을 만들어 왕에게 선물하는 장면은 이슬람 상인들의 성격을 그대로 보여 줘요. 이슬람 상인들은 신드바드처럼 자신이 가진 기술과 지식을 다른 나라 사람들과 나누고 그 나라의 문화와 기술을 새롭게 익히는 데 열성이었어요.

특히 이들은 장사하는 데 쓸모 있는 지식이 풍부했어요. 아라비아 숫자는 그 대표적인 예랍니다. 우리가 날마다 사

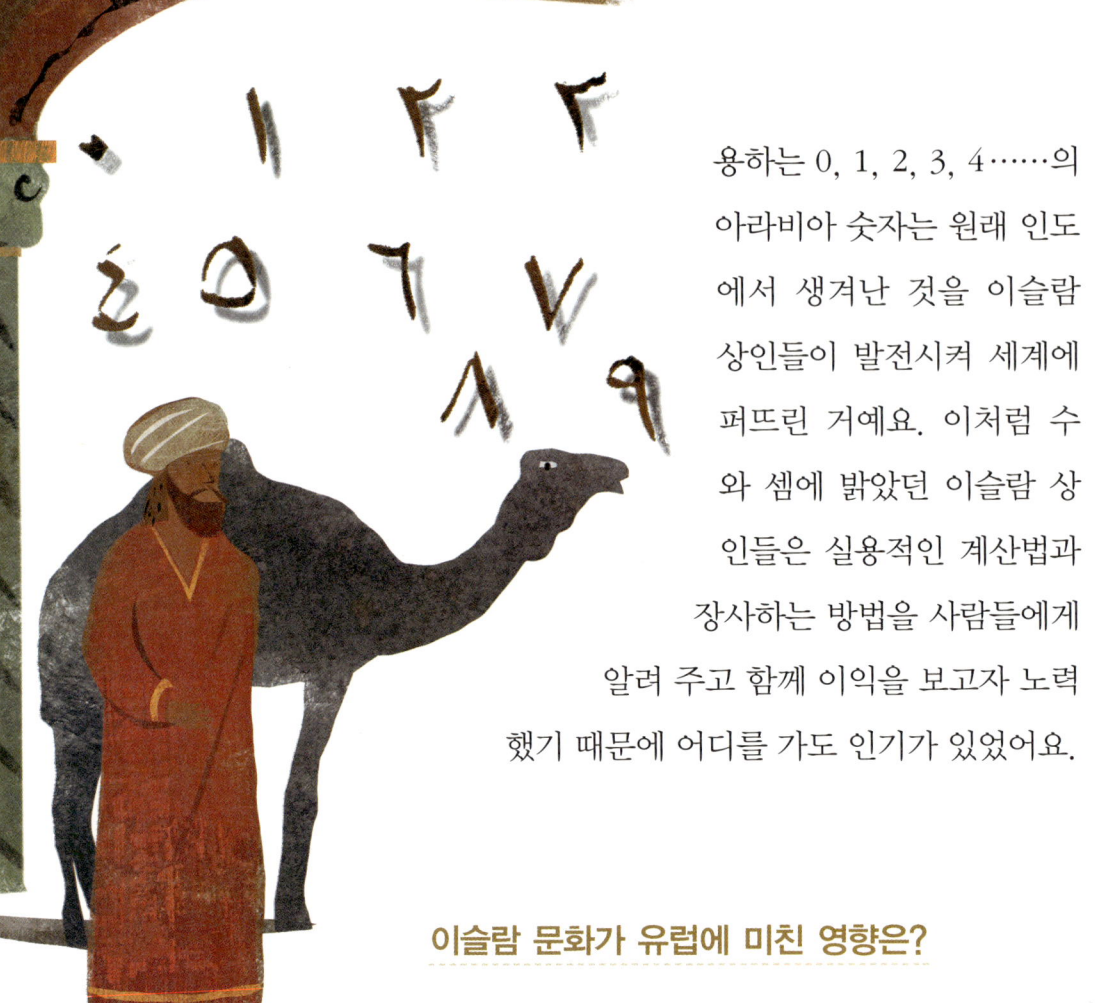

용하는 0, 1, 2, 3, 4……의 아라비아 숫자는 원래 인도에서 생겨난 것을 이슬람 상인들이 발전시켜 세계에 퍼뜨린 거예요. 이처럼 수와 셈에 밝았던 이슬람 상인들은 실용적인 계산법과 장사하는 방법을 사람들에게 알려 주고 함께 이익을 보고자 노력했기 때문에 어디를 가도 인기가 있었어요.

이슬람 문화가 유럽에 미친 영향은?

7세기 아라비아 반도의 사막과 유목 사회에서 시작된 이슬람교는 동쪽과 서쪽의 다양한 민족에게 전파되었어요. 762년에 티그리스 강 유역에 건설된 바그다드는 930년에 인구 110만 명을 자랑하는 당시 최고의 도시가 되었지요. 에스파냐 남서부의 코르도바는 이슬람 지배에 있었을 때 인구가 거의 100만 명에 달했어요. 당시 유럽 도시 인구가 5만 명가량이었음을 감안하면 이슬람 도시 인구가 10만 명에서

50만 명이라는 사실은 놀라운 일이 아닐 수 없어요.

 이슬람이 가장 번영했던 시대는 아바스 제국 시대였어요. 아바스 제국 시대의 지도자들은 누구나 알라 앞에 평등하다는 이슬람교의 정신에 충실하려고 노력했어요. 이슬람 세계에 사는 여러 민족을 화합하려는 노력도 많이 기울였고요. 그래서 이슬람 세계에 사는 사람이면 꼭 아랍 인이 아니어도 능력만 있다면 높은 관직에 오를 수 있었어요. 기독교나 유대교를 믿는 사람도 능력만 있다면 재상이 될 수 있었고요. 이런 정책 때문에 아바스 제국은 한데 어우러지는 이슬람 제국을 만들 수 있었어요.

 하룬 알 라시드 왕은 아바스 제국의 가장 유능한 왕이었어요. 이 왕은 '신드바드의 모험'에도 등장하는데, 신드바드가 이 왕을 매우 극찬하는 내용이 나와요. 인도의 왕이 신드바드에게 하룬 알 라시드에 대해 묻자 신드바드는 온화하고 평등하며 나라 안의 사람들로부터 존경받는 왕이라고 소개하지요. 바로 이 왕이 유럽 프랑크 왕국의 카롤루스 대제에게 물시계를 선물한 일화가 있어요. 당시 하룬 왕은 프랑크 왕국과 외교를 맺었는데, 이슬람에 비해 문화가 낙후되어 있던 프랑크 왕국은 아바스 왕국에 사절단을 보내 기술을 배우게 하는 등 이슬람의 발달된 과학 기술의 영향을 많이 받았어요.

바그다드는 어떻게 고대 세계 교역의 중심지가 됐을까?

바그다드 상인들은 비잔티움 제국과 서유럽의 여러 나라들, 아프리카, 중국까지 누비고 다니며 장사를 했어요. 배를 타거나 낙타를 타거나 하며 수십 명에서 수백 명까지 무리 지어 다녔지요. 바그다드 상인들은 곡물과 종이, 옷감, 수공예품 등을 팔고, 인도와 중국에서 각종 향신료, 목재, 가죽, 비단, 도자기 등을 사 왔어요.

무역의 규모는 날이 갈수록 커졌고, 이러한 품목들을 정확히 계산하기 위해 아라비아 숫자를 발전시켰어요.

이슬람 상인들은 이국 땅에서 얻은 지식을 열성적으로 수용하고 그곳의 문화에 대해 개방적이었기 때문에 이

슬람이 정복했던 로마, 그리스, 페르시아 문화를 모두 받아들여서 자신들의 발전된 문화를 만들어 나갔어요. 서아시아에서 배워 온 관개 농업으로 농사를 지어 농업을 발전시키는가 하면, 그리스 인들의 학문을 수용해서 과학을 발전시켜 나갔지요. 교육 기관인 '마드라사'를 건립해 고급 지식을 배우는 인재들을 양성하기도 했고요.

이처럼 한때 세계에서 가장 발달된 상업 중심지이자 문화의 중심지였던 이슬람은 세계 각지의 문화와 기술에 영향을 끼쳤답니다.*

이슬람 문화가 유럽에 끼친 영향

1095년부터 1272년까지 근 2백 년 동안 아라비아를 비롯한 이슬람 제국은 유럽의 십자군과 전쟁을 치렀다. '십자군 전쟁'이라 일컫는 이 전쟁으로 유럽은 이슬람의 발전된 문화를 직접 접하게 된다. 종이, 아라비아 숫자, 화약과 화약 무기 등이 이때 유럽에 전해졌다.

3장

중세 유럽의 장원제와 도시의 발달

중세 유럽 사람들은 크게 '일하는 자, 싸우는 자, 기도하는 자'로 나누어요. 일하는 자는 농민이에요. 싸우는 자는 전쟁에서 힘을 발휘하는 기사들, 기도하는 자는 교회의 수도사를 말하지요.

중세에는 토지가 모든 경제 활동의 중심이었어요. 왕에게 충성을 맹세하고 일정 부분의 땅을 하사받은 영주가 땅의 주인이었지요. 그 안에 영주가 머무는 성을 비롯하여 교회와 수도사, 기사, 농민들이 있었어요. 이들 중 유일하게 생산을 도맡아 하는 사람들은 농민이었어요. 당시 농민들은 영주와 기사들, 수도사들을 먹여 살리는 경제인이었지요. 그렇지만 가장 천대받고 가난했어요. 농민은 노예는 아니었지만 영주에게 매여 있는 농업 노동자에 불과했지요.

이처럼 중세는 영주의 땅인 장원에 농민들이 땅을 빌려 경작하고, 그 생산물을 영주에게 바치는 장원제가 경제의 주축이었어요. 땅에 대한 소유권도 없이 단지 경작할 의무만 있었던 중세 유럽의 농민들을 중심으로 이 시대 경제를 살펴볼까요?

농민이 생산한 모든 것은
영주와 교회의 소유

"아멜다, 얼른 나와서 영주님 댁에 좀 다녀와라."

아멜다는 어머니가 소리치는 곳으로 뛰어갔다. 어머니는 수개월 동안 숙성한 포도주와 신선한 치즈를 수레에 잔뜩 싣고 있었다.

"오는 길에 수도원에도 들려 이 치즈를 주고 오렴. 혼자서는 무겁겠다. 니키타를 데려가라."

아멜다와 니키타는 깡마른 팔에 힘을 주며 수레를 끌었다. 언덕 위에 솟아 있는 성까지 가려면 30분은 더 걸어야 했다. 언덕 위에 다다르자 성은 더욱 커 보였다. 아직 대낮인데도 성 안쪽에서는 흥겨운 음악 소리가 흘러나왔다.

"왜 이렇게 늦게 가져와? 파티가 벌써 시작됐잖아."

아멜다와 니키타를 맞이한 집사가 쌀쌀맞게 말하고는 안쪽으로 들어갔다. 유리창 너머로 포도주 잔을 들고 화려한 드레스를 입은 여인들이 삼삼오오 모여서 즐거운 듯 떠

들고 있는 모습이 보였다.

"저 드레스 엄마가 만든 거 맞지? 정말 예쁘다!"

속이 상한 아멜다는 니키타의 손을 잡아 끌고는 얼른 밖으로 나갔다. 수레를 끌고 성 밖으로 나오니 언덕 아래에 있는 조그마한 촌락이 보였다.

"이 위와 저 아래는 꼭 천국과 지옥 같아. 똑같은 사람인데 우린 왜 이렇게 살지?"

아멜다가 중얼거렸다.

"이제 교회로 가잖아. 수도사님한테 물어봐."

"뻔하지. 다 주님의 뜻이라고 할걸 뭐……."

아멜다는 점점 다가오는 수도원 건물을 보며 원망하듯이 말했다.

"올해 우리가 수확한 밀을 교회에서 얼마나 많이 가져간 줄 아니? 그때도 수도사님은 주님의 뜻이라고 했어. 하느님은 정말 우리가 가난하고 굶주리기를 원하시는 걸까?"

니키타는 눈물을 훔치는 아멜다의 손을 꼭 잡았다.

장원제란?

장원

장원은 중세 영주가 다스리던 토지로, 교회와 영주의 성, 그리고 땅으로 구성되었다. 장원은 중세 유럽 농민의 경제적, 사회적 생활 터전이자, 영주의 재산이며 수입원이었다. 영주는 농민에게 경작할 토지를 주고, 농민은 그 대가로 공납과 노동력을 제공했다.

중세 초기 유럽은 '장원'이라는 곳에서 모든 생활을 해결했어요. 곡물을 생산하고, 옷가지를 비롯한 모든 생활필수품을 장원에서 농사짓는 농부와 그 가족들이 만들었지요. 장원 내에 작은 시장이 있긴 했지만 물건을 교환하는 정도에 그쳤어요.

고대 로마나 그리스, 상업이 발달했던 이슬람과 비교했을 때 중세 유럽 장원에서의 생활은 오히려 미개할 정도로 경제적으로 뒤떨어져 있었어요.

중세 유럽의 생산의 중심은 땅이었어요. 땅에 대한 소유권과 경작권을 둘러싸고 많은 사람들이 끊임없이 싸우고 죽는 다툼을 벌였지요.

모든 장원에는 주인인 영주가 있었어요. 〈슈렉〉 같은 만화 영화에 등장하는 중세의 영주를 떠올려 보세요. 높은 성곽으로 둘러싸인 성에 살면서 성 밑으로 열심히 농사짓는 농민들을 내려다보고 있지요. 요새처럼 높은 성벽을 쌓은 성에는 영주와 영주의 가족들, 그리고 하인과 집사 들이 살고 있었어요.

성 밖 누추한 촌락에는 농민들이 모여 살았지요. 농민들은 영주에게 매여 있는 사람들이었어요. 그래서 중세 농민을 '농노'라고 해요. 농노는 매일 영주의 직영지에서 일해야 했어요. 농토를 경작하고, 다리나 도로 등을 고치거나 새로 만드는 일에 동원되었지요. 그런 뒤에 자신의 경작지에 가서 또 일했어요. 그러나 이 경작지도 온전히 농민의 것은 아니었어요. 영주에게 빌린 것이었지요. 눈코 뜰 새 없이 바쁜 수확기에도 농노는 영주의 직영지에서 먼저 수확을 끝내야 자신의 경작지에서 수확을 할 수 있었어요. 언제나 영주의 땅을 먼저 갈고, 씨뿌리고, 수확해야 하는 것이었지요. 그런데도 농노는 영주에게 자신의 경작지에서 수확한 곡물 상당 부분과 가축, 꿀 등을 공납으로 바쳐야 했어요.

노예와 농노는 어떻게 다를까?

그렇다면 농노는 영주의 노예였을까요? 물론 노예는 아니었어요. 비록 영주에게 매여 있기는 했지만, 농노는 고대 노예와 달리 가족을 구성하고 함께 살 수 있는 권리가 있었어요. 영주의 권한이 아무리 세더라도 농노의 가족을 해체하는 짓은 할 수가 없었지요.

무엇보다 농노는 땅과 분리해서 생각할 수 없어요. 영주가 자신이 소유한 장원을 다른 영주에게 넘길 경우에도 농노인 농민은 자신이 경작하는 땅에 그대로 있을 수 있었고 그래야 했어요. 경작하는 땅과 농노는 한 몸이지 따로 떼어서 팔 수 있는 존재가 아니었으니까요. 또한 농노는 노예와 달리 자신의 집이 있고, 가족이 있으며, 경작권을 가진 땅이 있었어요. 물론 그 땅에 대한 권한은 영주에게 있었지만요. 하지만 엄밀히 말하자면 영주에게도 땅에 대한 소유권은 없었어요. 그 땅에 대한 관리와 그 땅에서 나는 수확물에 대한 권리만 있었지요.

하지만 농노의 생활을 들여다보면 그리스 로마 시대의 노예와 다를 바가 없을 정도로 원시적이고 비참했음을 알 수 있어요. 흙으로 지은 오두막 같은 집에서 짚 뭉치를 깔고 온 가족이 한데 살았고, 집 앞에는 쓰레기나 분뇨가 쌓여 있는 등 몹시 불결했어요. 먹는 것도 고작해야 검은 빵에 달걀, 무나 콩이 전부였지요.

중세 시대의 땅은 모두 왕의 것이었어요. 왕은 자신에게 충성을 다하는 영주에게 얼마 만큼의 땅을 떼어 나누어 주며 그 땅에 대한 권리를 위임하는 형식으로 땅을 '봉' 했어요. 즉, 왕은 자신에게 충성을 맹세한 영주에게 땅에 대한 권한을 나누어 부여했고, 영주는 자신의 농노들에게 땅을 경작할 권한을 부여했던 거예요. 그래서 중세 사회를 땅에 대한 권한을 나누어 봉했던 사회라고 해서 '봉건제 사회'라고 해요.

중세 교회는 어떻게 부자가 됐을까?

중세 유럽에서 교회의 주교와 수도원장은 백작이나 공작 같은 귀족과 동등한 지위를 차지했어요. 유럽의 왕들은 교회에 토지를 위임하고, 교회는 농노를 고용하여 토지를 경작하도록 했지요.

중세 초기 교회는 교육을 장려하기도 하고 가난한 사람들을 구제하기 위한 노력도 많이 했어요. 병자들을 돌보았고 고아들을 거두어 키우기도 했지요.

하지만 귀족들이 자신의 신하를 끌어 모으기 위해 토지를 나누어 분배하는 와중에 교회도 자신의 토지를 챙길 수 있는 기회를 얻었어요.

교회는 구조와 조직이 사회적으로 튼튼했고, 일반인들에 대한 영향력도 꽤 지니고 있었어요. 이러한 장점을 발휘하여 교회는 왕과 귀족들이 차지한 토지에 대한 권리를 나누어 가졌어요. 더욱이 사제들은 결혼을 하지 않기 때문에 사제의 재산은 고스란히 교회의 것으로 남을 수 있었지요.

교회가 엄청나게 부유해지면서 교회의 입김도 세졌어요. 중세 교황의 세력이 왕을 능가했던 것도 단지 종교적인 영향력뿐만 아니라 이와 같은 경제적인 능력이 크게 성장했기 때문이에요.

성장하는 중세 도시, 단결하는 상인들

"우리가 농사를 짓는 것도 아닌데, 왜 농민들과 똑같이 사용료를 내라는 거야?"

"글쎄 말이야. 결국 우리더러 이익의 절반을 내놓으라는 거잖아."

13세기, 독일의 도르트문트에 모인 상인들은 흥분하여 저마다 영주에 대한 불만을 쏟아 냈다.

"자, 진정하고 잘 생각해 보자고. 과연 우리가 도시에서 자유롭게 장사하는 게 영주에게 불리하기만 할까?"

한 상인이 다른 상인들의 주의를 끌었다.

"도시에서 자유롭게 장사를 하면 영주가 수확한 농산물도 더 잘 팔려. 그런데 굳이 우리가 자유롭게 장사하는 걸 막을 이유가 없다는 거지."

"하지만 영주들은 오직 땅밖에 모르잖아. 땅에 대한 권리를 줄이면서까지 돈을 벌려고 하겠어?"

"시대가 변하고 있다는 걸 그들도 느끼고 있을 거야. 이제는 땅만이 유일한 재산이 아니질 않나."
"좋아. 우리가 조합을 만들어서 우리의 요구 조건을 제안해 보자고."

상인들은 '길드'라는 동업자 조합을 만들었다. 그리고 자신들의 요구 조건을 들고 콘라드 백작을 찾아갔다.

"당신들이 원하는 게 토지에 대한 자유로운 소유권이오?"

백작은 제안서를 읽고 나서 심각하게 물었다.

"그렇소. 우리가 장사를 하고 시장을 열려면 처분할 수 있는

재산이 필요합니다. 땅을 소유하고 처분할 수 있는 권리를 주시오."

"하지만 땅에 대한 소유권은 나에게도 없소. 나 역시 왕에게 하사받은 것이고 위임받은 것이오."

백작은 곤란하다는 표정으로 상인들을 돌려보내려고 했다. 하지만 상인들은 물러서지 않았다.

"그렇다면 그 법률을 바꾸면 되지요. 보시다시피 백작님의 땅은 농사짓기에 적합하지가 않아요. 이미 시장을 열어 장사하는데 사용되고 있고요. 그런데도 옛 방식이 백작님께 이익을 줄 것 같습니까?"

상인들의 말에 백작은 귀가 솔깃했다.

"당신들에게 땅을 팔면 내게 무슨 이득이 있소?"

기다렸다는 듯이 한 상인이 나서며 설명했다.

"잘 생각해 보십시오. 일단 저희에게 땅을 팔면 당장 큰돈이 생깁니다. 거기다가 백작님이 저 도시 외곽에 가지고 있는 장원에서 생산된 농산물을 저희 시장에서 죄다 팔 수 있으니 이익이고요. 그 이익금으로 더 많은 땅을 살 수도 있을 테니 더 많은 재산이 생기겠지요. 그만큼 이익을 보시는 거고요."

백작은 자신의 금고에 돈이 쌓이는 것을 상상했다.

"좋아, 까짓것 도시에 있는 땅은 농사도 제대로 짓지 못하는데 조금 판다고 해서 뭐가 달라지겠어. 내 즉시 왕에게 허락을 받겠소."

백작은 그날로 왕의 허락을 간절히 구하고 땅에 대한 처분을 허락받은 다음 상인들에게 팔았다. 이렇게 13세기 독일 도르트문트에서는 상인들이 땅을 소유할 수 있게 되었다. 이것은 도시가 영주로부터 자유로워지는 첫걸음이었다.

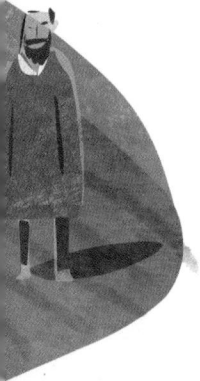

상인 길드란?

영원히 정체되어 있을 것 같던 중세 장원제도 도시를 중심으로 한 상인들이 등장하고 세력을 키워가면서 서서히 변화가 일기 시작했어요. 상인들이 가장 필요했던 건 영주로부터의 자유였어요. 하지만 생각처럼 쉽지 않았지요. 상인들은 힘을 모아 '길드'라는 조합을 만들고, 그 여세를 몰아 자유를 얻기 위한 싸움을 벌여 나갔어요.

영주로부터 도시의 자유를 얻기 위한 노력은 도르트문트처럼 평화적으로만 이루어진 것은 아니에요. 때로는 영주와 길드 사이에 격렬한 싸움이 벌어지기도 했고, 영주가 바뀌는 경우도 생겼어요. 이러한 싸움의 맨 앞에는 언제나 상인 길드가 있었지요. 그리고 오랜 싸움 끝에 상인 길드는 영주로부터 자유를 쟁취해요.

이제 상인 길드는 중세 도시에서 가장 강력한 집단이 되었어요. 초기 길드에 가입한 상인들은 도시를 자유롭게 만들기 위해 자신의 모든 것을 바쳐 싸웠기 때문에 기득권이 엄청났어요. 그들은 아무나 도시에 와서 장사하지 못하도록 독점권을 만들었지요.

만약 13세기에 영국이나 프랑스, 독일의 시장에서 양털을 팔려고 했다면 먼저 길드의 허락을 받아야 했어요. 길드 회원 가운데 양털을 파는 사람이 있다면 아무도 양털을 팔 수 없었지요. 때로는 비조합원도 물건을 팔 수 있었지만 길드에 우선권이 있었어요. 도시에 들어오는 어떠한 상품도 길드 조합원이 상품을 계약하거나 사기를 원한다면 길드의 조합원보다 먼저 사거나 계약을 해서는 안 되었고요.

길드 간의 단결은 유럽 전역에 걸쳐 퍼져 나갔고, 백 개가 넘는 도시에서 거대한 길드 조직이 연합하여 자신들의 이익을 지켜갔어요.

도시의 자유는 농노에게 어떤 영향을 미쳤을까?

도시가 활성화되자 농촌에도 큰 변화가 생겼어요. 도시에 사는 사람들 대부분이 장사를 하다 보니 자연히 식량 생산은 농촌에 의존하게 되었어요. 거기에 도시 인구도 꾸준히 늘어 농촌에서 이들을 먹여 살릴 수 있는 식량을 생산하는 일이 중요해졌어요. 이제 농촌과 도시가 서로 협력하면서 서로의 이익을 키워 나가야 할 시간이 된 거예요.

그런데 문제는 농노들이 여전히 자유로운 존재가 아니라

는 거였어요. 만약 농노들이 자유롭게 자신의 이익을 위해 농사를 지을 수만 있다면 더 많은 땅을 개간해 농사를 짓고 식량을 만들었겠지요. 하지만 농노들은 죽을 만큼 일해도 자기 몫으로 돌아오는 것이 없었어요. 농노들이 의욕적으로 농사를 지을 이유가 없었던 거예요. 그러니 언제나 식량이 부족했지요.

이때 몇몇 농노들이 황무지를 개간하여 농토로 일군 다음 그곳에서 자유롭게 농사지을 권리를 주장했어요. 늪에서 물을 빼고, 숲에 나무를 베어 내고, 손에서 피가 나도록 일해서 황무지를 농토로 일구어 놓은 것이었지요. 이들의 요구는 번번이 벽에 부딪혔지만 결국 농노의 농지 개간이 자신들에게도 이익이라는 걸 영주들도 눈치채기 시작했어요. 비생산적인 토지를 생산적인 토지로 개간한 농노에게 경작권을 주고 그 대가로 해마다 지대를 받는 것이 더욱 이익이었으니까요. 이제 영주들은 나서서 농노들에게 자기 영역의 쓸모없는 땅을 맡아서 개간해 줄 것을 장려하기 시작해요.

이렇게 해서 아주 소수이긴 하지만 농노들도 자유롭게 경작하고 처분할 수 있는 토지를 가지게 되었어요. 그리고 이들 중에는 토지를 늘려 사고팔아 재산을 불리며 새로운 세력이 된 사람들도 있었답니다.

화폐 경제의 발달, 돈이 돈을 번다?

16세기 이탈리아 베니스에 안토니오라는 상인이 있었다. 안토니오는 친구들이 어려움에 처할 때마다 가장 먼저 나서서 도와주는 정직하고 친절한 상인이었다. 사람들은 그런 안토니오를 무척 좋아했다.

오직 한 사람, 샤일록이라는 유대 인만이 안토니오를 미워했다. 샤일록은 절박한 사람들의 사정을 이용해 이자를 많이 받아 챙기는 악덕 고리대금업자였다. 안토니오는 그런 샤일록을 평소에 매우 싫어했다.

그러던 어느 날, 친구 그라시오가 안토니오를 찾아왔다.

"안토니오, 내게 3천 더컷을 빌려 줄 수 있나?"

"아니, 그 큰 돈을 어디에 쓰려고?"

안토니오가 놀라서 묻자, 그라시오는 포셔라는 아가씨에게 청혼을 하고 싶은데, 자금이 없어서 그런다며 사정을 했다. 안토니오는 가장 친한 친구인 그라시오를 돕고 싶었다. 그런데 마침 안토니오는 모든 자금을 투자해서 해외로 배를 띄워 수중에 가진 돈이 하나도 없었다.

"샤일록에게 부탁해야겠네. 일주일 안에 내 배가 항구에 도착할 테니 그때 샤일록에게 갚으면 되지."

안토니오는 샤일록에게 돈을 빌리러 갔다. 그런데 샤일록은 황당한 조건을 내걸었다.

"만약 기일 내에 돈을 갚지 못한다면 안토니오 당신의 살 1파운드를 베어 내겠소. 이게 계약 조건이요."

이상한 조건이었지만 안토니오는 가볍게 생각하고 받아들였다. 안토니오가 빌려준 돈으로 그라시오는 포셔와 결혼했다.

그런데 안타깝게도 안토니오의 배가 제 날짜에 도착하지 못했다. 샤일록은 득의만만하여 재판을 걸었다.

그라시오로부터 자초지종을 들은 그라시오의 아내 포셔는 변호사로 변장하여 재판에 참석했다.

"샤일록 씨, 물론 계약서에는 살점 1파운드를 베어 낸다고 되어 있지만 이렇게 잔인한 계약을 그대로 지키라는 것은 아니겠죠?"

"아니요. 난 그대로 계약이 지켜지길 바랍니다. 계약서에 서명한 내용대로 안토니오의 살점을 베어 내겠소."

샤일록이 칼을 들고 안토니오에게 다가가자 포셔가 큰 소리로 외쳤다.

"좋아요. 그렇다면 단 한 방울의 피도 흘리지 말고 살점만 정확히 1파운드를 베어 내세요. 계약서에는 피를 흘린다

　는 조항은 없으니까요. 만약 0.01파운드라도 차이가 있다면 당신의 전 재산을 몰수하겠습니다."
　포셔의 논리적인 설명에 샤일록은 결국 두 손을 들었다. 그러나 샤일록은 안토니오의 목숨을 노렸다는 죄목으로 전 재산이 몰수되었다.

중세 사람들은 이자에 대해 어떻게 생각했을까?

 앞의 이야기는 영국의 유명한 작가인 셰익스피어가 쓴 『베니스의 상인』이에요. 이야기이긴 하지만 그렇다고 완전히 지어낸 것만도 아니지요. 샤일록과 같은 고리대금업자들이 실제로 존재했으니까요.

 중세에는 돈을 빌려 주고 돌려받을 때 빌려 준 것보다 더 받는 행위를 아주 사악하게 여겼어요. 그래서 고리대금업자에 대한 생각도 매우 좋지 않았지요. 중세 초기에는 아예 교회법으로 정해 이러한 행위를 엄격하게 금지시켰어요.

"가장 불쾌하고 혐오스러운 고리대금업은 하느님이 금지하신 것이다. 따라서 어떠한 계급, 계층, 신분에 속하는 사람일지라도 고리대금업에 종사해서는 안 된다. 이를 위반하면 원금도 몰수하고 감옥에 가둔다."

당시에는 상업이 미미한 수준이었고, 더 큰 이익을 위해 돈을 따로 투자할 곳이 없었기 때문에 이러한 교회법이 그대로 지켜질 수 있었어요. 교회의 영향력이 그만큼 강하기도 했고요. 또 당시 사람들은 돈을 남에게 빌릴 처지면 그 사람의 사정이 그 정도로 다급하고 안 좋은 것이라고 생각했어요. 그런데 이런 남의 불행을 이용해 이자를 받아 돈을 번다는 것은 있을 수 없는, 매우 비도덕적인 행위로 여겼던 것이지요.

상업의 발달은 이자에 대한 생각을 어떻게 바꾸었을까?

중세 도시가 발전하고 상업이 발달할수록 돈을 빌리려는 사람들이 늘어났어요. 이들은 급작스러운 불행 때문에 돈을 빌리려는 게 아니라 투자를 위해 돈이 필요했어요. 장사를 시작하려는 사람들은 밑천이 필요했고, 땅을 더 많이 사고 싶은 사람들은 자금이 필요했어요. 당장은 돈을 빌려 이자를 내더라도 장사 밑천이 생기면 장사를 할 수 있으니 이자보다 더 많은 돈을 벌 수 있었지요. 그러면 이자를 내더라도 더 이익이 되는 거고요.

농노들 중에서도 땅에 대한 소유권을 인정받기 시작하면서 땅을 더욱 많이 사 두려는 사람들이 생겼어요. 당장은 이자를 내서 어렵지만 가을에 수확한 농산물을 도시에 가져다 팔아 돈을 마련하면 이자를 내고도 돈이 남았기 때문에 가능했지요.

중세 초기와 달리 이렇게 13세기 이후에는 이자에 대한 인식이 바뀌게 돼요. 이에 따라 교회법도 차츰차츰 바뀌어 갔어요.

"은행가는 상인에게 돈을 빌려 줄 때 그 돈을 상인이 모조리 잃을 수도 있는 모험을 감수하고 빌려 줬으므로 위험을 감수한 대가로 이자를 받을 수 있다."

또는 "은행가가 그 돈을 빌려 주지 않고 다른 곳에 투자했다면 그만큼 이익을 얻을 수 있었을 것이므로 그에 따른 적정한 이자를 받을 수 있다."

그러다가 16세기에 이르면 고리대금업을 아예 법으로 허용하게 된답니다.

부유한 상인들은 어떻게 힘을 얻게 되었나?

10세기에서 15세기 유럽의 가장 큰 변화는 돈이 많은 새로운 계급이 생겨났다는 거예요. 장인, 부유한 상인, 부유한 농민들이 바로 여기에 속해요. 특히 **부유한 상인들은 수세기를 거치는 동안 무역을 독점하는 대상인으로 변했어요. 돈이 많았던 이들은 권력을 쥐고 있는 왕과 밀접하게 결합했지요.. 대상인들은 무역으로 벌어들인 엄청난 이익을 왕에게 나누어 주었어요.**

전에는 영주가 왕의 신하이자 왕을 보호했던 세력이었어요. 왕은 영주에게 땅을 나누어 주고 토지에 대한 권한을 인정해 주었고 이를 통해 영주의 충성을 약속받았지요. 그중에서도 왕에게 군사적인 보호와 지원을 하겠다는 약속이 가장 중요했고요.

그러나 이제 왕은 대상인에게 받은 두둑한 돈으로 병사를 모집해서 항상 곁에 두고 훈련시켰어요. 왕의 근위대가 생긴 거예요. 근위대를 두면서 왕은 전에 없이 큰 권력을 행사할 수 있었어요. 그러자 영주에게 분산되어 있던 권력이 왕에게 집중되기 시작했지요. 중앙 집권적인 힘이 생기기 시작한 거예요.

물론 아무런 대가 없이 이런 거래가 이루어질 리 없겠지요.

왕은 왕대로 이들 대상인에게 많은 특권을 부여했어요. 법과 제도를 마련하여 상인이나 장인이 성장할 수 있는 모든 조치를 취해 주었지요. 일테면, 무역에 대한 독점권, 상인 조합의 독점권, 상품 가격에 대한 독점권 등등 모든 시장에 대한 권리를 보장해 주었어요.

상인들은 상업을 발달시키기 위해 단일한 중앙 집권적인 왕의 힘이 필요했고, 왕은 자신을 강하게 만들 돈이 필요했어요. 둘의 밀착은 이런 이해가 서로 일치되었던 결과였지요.

두 세력 간의 밀착 관계는 시민 혁명이 일어날 때까지 수 세기 동안 지속됐어요. 이로써 중세를 떠받치고 있던 장원제는 서서히 무너지기 시작했지요.

식민지를 통해 부강해진 유럽

16세기 영국의 노예 사냥꾼인 존 호킨스는 군인들을 이끌고 아프리카의 한 마을에 도착했다. 마침 아침 식사를 준비하던 흑인들은 호킨스가 이끄는 군인들을 보자 어리둥절한 표정이었다. 호킨스가 군인들에게 명령했다.
"건강한 청년들을 모두 붙잡아 배에 태워!"
영국군이 순식간에 총을 들이대고 달려들자 그제서야 마을 사람들은 무언가 끔찍한 일이 시작됐음을 알아챘다. 그때 건장한 청년 하나가 총알같이 숲으로 달아났다.
"탕!"
고요한 아프리카의 하늘에 총소리가 길게 울려퍼졌고, 숲으로 도망치던 흑인 청년은 그 자리에서 고꾸라져 죽었다. 그의 가족인 듯한 나이든 여인이 울부짖기 시작했다. 갑작스런 흑인의 죽음과 여인의 울음소리에 영국군들은 잠시 주춤했다.

"저것들은 우리와 같은 인간이 아니야. 하느님도 모르고 문명이라는 게 뭔지도 모른다고. 돼지나 개와 같아!"

호킨스는 군인들에게 죄책감을 갖지 말라고 명령했다.

그날 그 지역에서는 하루 종일 노예 사냥이 이루어졌고, 하루 만에 흑인 백여 명이 노예 선에 강제로 태워졌다. 그리고 아프리카에서 아메리카까지 한 달가량의 항해가 시작됐다. 흑인들은 짐승처럼 사슬에 묶인 채 항해하는 내내 선박의 밑바닥에 갇혀 있었다. 아프리카 대자연에서 자유롭게 살던 그들에게 밀폐된 장소에서 한 달을 견디기란 죽음보다 더한 고통이었다. 수십 명이 발작을 일으키거나 병에 시달렸다.

"호킨스 씨, 노예들을 치료해야 하지 않을까요? 너무 많은 노예들이 병에 걸렸습니다."

보다 못한 의사가 호킨스에게 호소했다.

"전염병인가?"

"그렇지는 않은 것 같습니다만, 저대로 두면 목숨이 위태롭습니다."

"내버려 둬. 어차피 아메리카에 도착하면 살아남은 놈만 데려가면 되지."

"하지만 저들도 사람입니다. 그냥 죽게 내버려 둘 수는 없다고요."

의사는 호킨스에게 항의했다. 호킨스는 벌떡 일어나 의사의 멱살을 잡고 말했다.

"감히, 자네가 엘리자베스 여왕의 명령을 거역할 참인가? 이 배는 지금 여왕의 명령으로 아메리카를 향해 가고 있는 거야. 저들이 내 손에 잡힌 이상 저것들은 인간이 아니라 일하는 기계일 뿐이야. 기계가 고장났다고 흥분할 건 없잖아?"

여왕의 이름이 나오자 의사는 찔끔하여 물러났.

엘리자베스 여왕은 존 호킨스를 귀빈으로 극진히 대접할 정도로 노예사냥에 재능이 있는 이 자를 총애했다. 두 번째 노예사냥을 하고 영국으로 갔을 때, 여왕은 호킨스에게 기사 작위를 수여했다.

은과 금을 찾아라!

호킨스가 노예사냥꾼의 직업을 부끄러워했을까요? 천만에요. 그는 오히려 주위 사람들에게 흑인을 잡을 때의 일들을 떠벌리며 자랑했어요. 조국인 대영제국이 원하는 일이기도 했고요.

그런데 이런 노예사냥에 열을 올린 것은 영국만이 아니었어요. 16세기부터 네덜란드, 포르투갈, 에스파냐 같은 유럽의 부강한 나라들은 너 나 할 것 없이 경쟁적으로 아프리카에서 흑인들을 잡아다가 신대륙에 끌고 가서 금과 은을 캐는 강제 노동을 시켰어요. 임금도 주지 않고

맘껏 부려먹을 수 있어서 어마어마한 이익을 올릴 수 있었지요.

그렇다면 이들은 왜 이렇게 금과 은에 집착했을까요? 16세기에서 18세기까지 유럽의 국왕들은 하나같이 금과 은을 중요하게 여겼어요. 금과 은은 다른 금속과 달리 변함이 없고, 다른 상품과 계속 교환할 수 있었으며 또한 부피에 비해 가치가 매우 높았기 때문이에요. 금과 은이 많은 나라일수록 부강한 나라라고 생각했지요. 그래서 유럽 국왕들은 에스파냐를 모두 부러워했어요. 에스파냐는 가장 먼저 아메리카에 진출해 금과 은을 캐내고 있었거든요.*

에스파냐와 달리 금과 은이 풍부하지 못한 나라들은 나라 안의 금과 은이 해외로 빠져나가지 못하도록 온갖 조치를 취했어요. 가장 좋은 방법은 자기네 나라에서 만든 물건을 다른 나라 사람들이 많이 사게 하는 거였지요. 그러면 화폐와 금, 은이 나라 안에 모일 테니까요. 반대로 다른 나라에서 만든 물건은 조금만 사고요. 그러면 나라 안의 금과 은이 밖으로 빠져나가는 것을 막을 수 있겠지요. 말하자면 수출은 많이 하고 수입을 적게 하는 거예요. 그래서 16세기에서 18세기 유럽 국가들은 서로 다투어 수출만 늘리려

에스파냐의 진출과 마야 문명의 멸망

1492년에 콜럼버스가 아메리카 대륙을 발견하면서 에스파냐는 유럽에서 가장 강대한 제국으로 떠올랐다. 에스파냐 항해자들은 금, 은, 향신료를 비롯한 진귀한 농산물을 약탈했는데, 1500년부터 1800년 사이 남아메리카에서 유럽으로 들어간 금과 은이 세계 금, 은 생산의 70퍼센트와 85퍼센트를 차지할 정도였다. 이들 유럽 정복자들로 인해 남아메리카 최대 문명이라 일컬어지는 마야 문명은 철저히 파괴되었다.

는 정책을 펼쳐요. 무역을 통해 서로 사이좋고 공정하게 경쟁하는 것은 상상도 할 수 없었어요. 그래서 이 시기에는 나라 간의 크고 작은 무역 전쟁이 끊이지 않았고, 이것은 식민지를 확보하기 위한 전쟁으로 이어졌어요.

식민지는 원료만 만들어 내라?

수입을 막고 수출을 늘리는 것 말고도 나라 안의 금과 은을 모이게 하는 또 다른 방법이 하나 있어요. 바로 나라 밖에서는 값싼 물건을 사들여 오고 나라 안에서는 값비싼 물건을 만들어 수출하는 것이지요. 이렇게 하려면 나라 안에서 물건을 만들어 내는 공업이 발달해야 해요. 공산품은 농산물보다 보통 비싸게 팔리니까요. 또 나라 안에서 필요한 공산품이 충분히 만들어져야 다른 나라의 공산품을 수입하지 않을 수 있겠지요.

이러한 이유 때문에 영국처럼 금과 은이 부족한 나라들은 서둘러 공업을 키워 나가요. 국가가 나서서 공장을 세우고 자금을 지원해 주었지요. 아예 국가가 운영하는 공장도 여러 개 세웠고요.

그러다 보니 공업이 일찍부터 발달했는데, 그만큼 값싼

원료가 많이 필요했어요. 그래야 이익을 많이 남길 수 있겠지요. 영국은 그런 면에서 걱정이 없었어요. 세계 각 지역에 차지한 식민지에서 원료를 가져오면 되었으니까요. 인도에서는 값싼 농산물을, 아일랜드에서는 값싼 양털을, 그리고 미국에서는 값싼 면화를 가져오는 식이었지요. 그것으로 영국은 섬유 산업을 발전시켜 갔어요.

그렇다면 영국에 양털을 제공한 아일랜드에서도 섬유 공업이 발달했을까요? 전혀 아니에요. 영국은 영국에서 만든 완제품을 아일랜드에 비싼 가격에 팔기를 원했고, 실제로 그렇게 했어요.

그래서 영국은 아일랜드에 원료인 양털만 생산하도록 강요했지요. 이것은 면화를 생산하는 미국에서도 마찬가지였어요. 영국의 섬유 산업의 원료를 대기 위해 미국의 면화 수출이 크게 늘었고, 이에 따라 노예 무역이 크게 번성했지요. 식민지에 대한 이런 불평등한 무역은 영국뿐 아니라 식민지를 가지고 있던 모든 유럽 국가에서 공통적으로 나타났어요.

당시 유럽 국가들은 식민지를 얻기 위해 치열하게 싸우며 전 세계를 자신들의 농장과 탄광으로 만들어 갔어요. 이를 토대로 18세기 이후 유럽은 산업화할 수 있었지요.

모험상인조합 회사와 유럽의 식민지 개척

16세기와 17세기 상인들은 아메리카, 아프리카, 아시아를 상대로 한 무역처럼 방대한 사업에 필요한 돈을 만들어 내기 위해서 거액의 돈이 필요했어요. 이 고민의 결과 만들어진 것이 주식회사인데, 최초의 주식회사는 '모험상인조합'이었어요. 이름처럼 모험 정신이 투철한 이 주식회사는 동방으로의 진출을 목표로 만들어졌지요.

하지만 이러한 대형 사업은 상인들의 힘만으로는 부족했

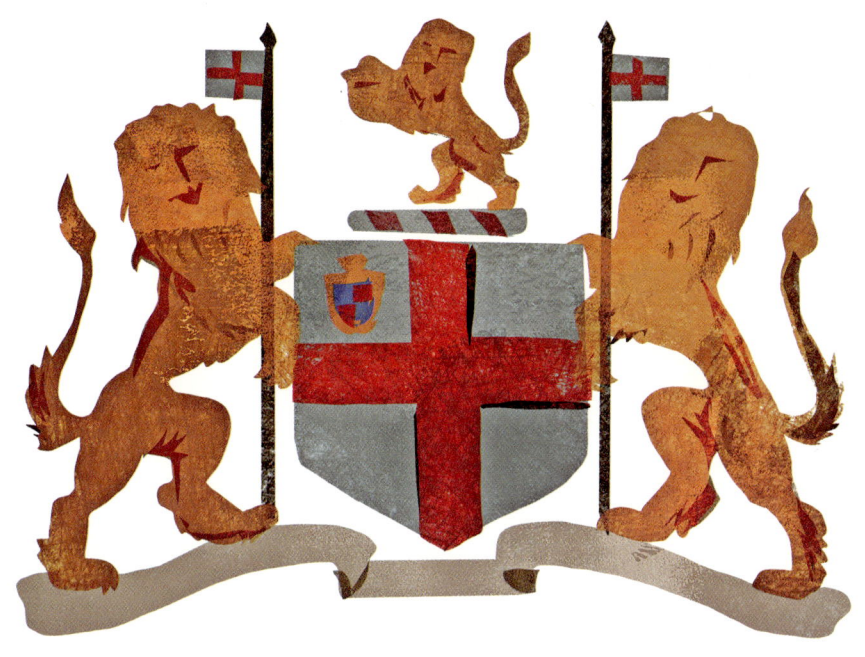

어요. 미지의 대륙에서 저항하는 원주민을 제압하고 얻고자 하는 것을 얻으려면 훈련된 군인이 필요했지요. 상인들은 국왕을 중심으로 한 국가 권력을 끌어들였어요. 즉, 국왕은 신대륙을 개척하고 거기에서 얻은 금은보화를 가져가고, 상인들은 무역에 대한 독점권을 인정받고 새로운 항로를 개척하는데 필요한 배와 군대를 지원받았지요.

이렇게 중세 말 상인들은 주식회사를 만들고 국왕의 보호 아래 돈이 되는 대륙을 찾아 나서요. 식민지 개척이 본격적으로 시작된 것입니다.

4장

산업 혁명의 그늘

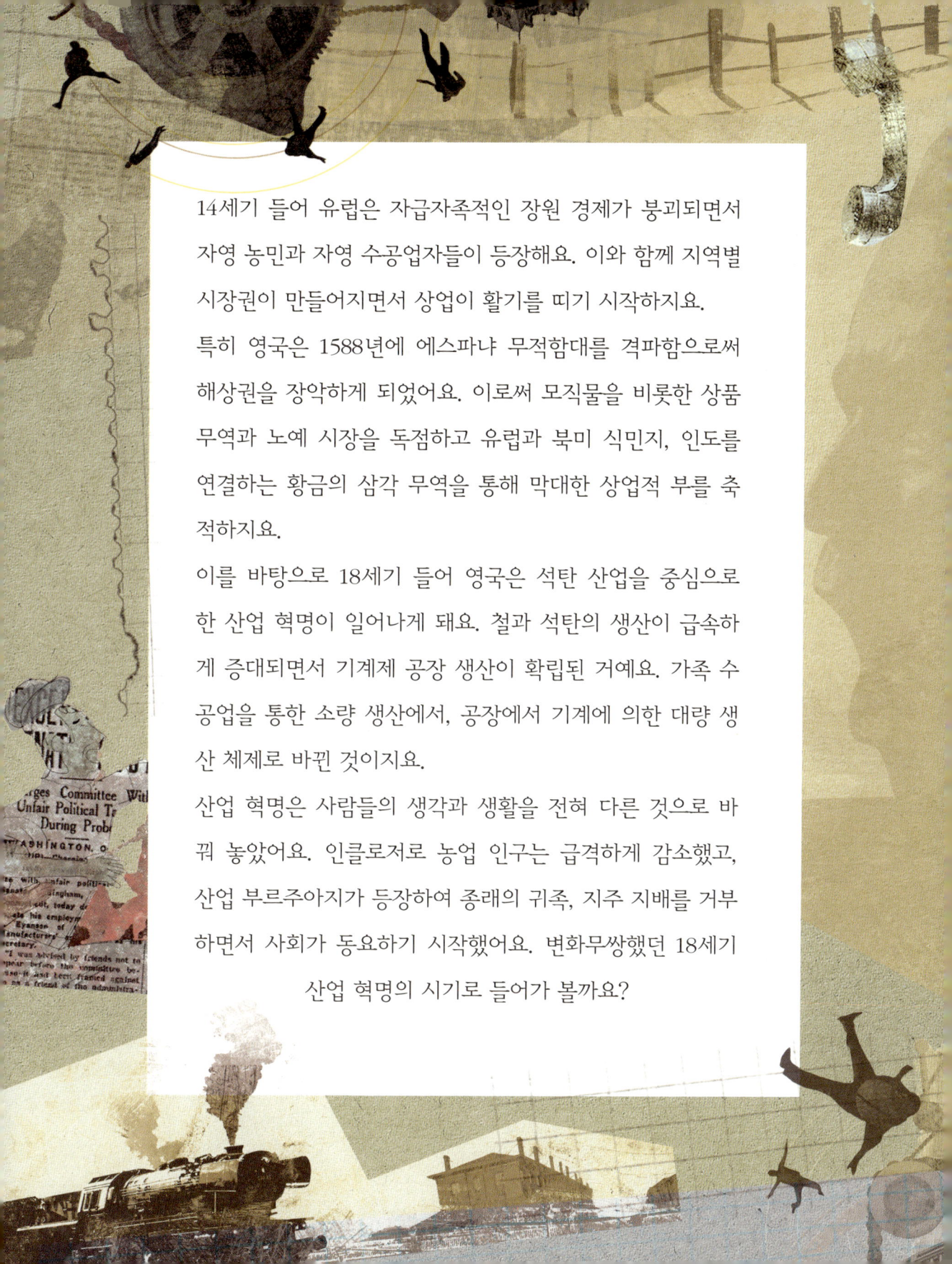

14세기 들어 유럽은 자급자족적인 장원 경제가 붕괴되면서 자영 농민과 자영 수공업자들이 등장해요. 이와 함께 지역별 시장권이 만들어지면서 상업이 활기를 띠기 시작하지요.

특히 영국은 1588년에 에스파냐 무적함대를 격파함으로써 해상권을 장악하게 되었어요. 이로써 모직물을 비롯한 상품 무역과 노예 시장을 독점하고 유럽과 북미 식민지, 인도를 연결하는 황금의 삼각 무역을 통해 막대한 상업적 부를 축적하지요.

이를 바탕으로 18세기 들어 영국은 석탄 산업을 중심으로 한 산업 혁명이 일어나게 돼요. 철과 석탄의 생산이 급속하게 증대되면서 기계제 공장 생산이 확립된 거예요. 가족 수공업을 통한 소량 생산에서, 공장에서 기계에 의한 대량 생산 체제로 바뀐 것이지요.

산업 혁명은 사람들의 생각과 생활을 전혀 다른 것으로 바꿔 놓았어요. 인클로저로 농업 인구는 급격하게 감소했고, 산업 부르주아지가 등장하여 종래의 귀족, 지주 지배를 거부하면서 사회가 동요하기 시작했어요. 변화무쌍했던 18세기 산업 혁명의 시기로 들어가 볼까요?

울타리치기로 공장 노동자가 된 농민들

19세기 초 영국의 서덜랜드 지역에는 많은 농민들이 농토를 경작하며 살고 있었다. 비록 농토 대부분이 귀족인 지주들의 것이었지만 농민들은 공유지에 집을 짓고 농사를 지으며 살았다.

그런데 어느 날, 이 공유지에 울타리가 쳐지기 시작했다.

"도대체 무슨 일이야?"

마을 사람들은 가축에게 풀을 먹이려고 풀밭으로 갔다가 길게 늘어선 울타리를 보고 깜짝 놀랐다.

"자, 이제부터 이곳은 스태퍼드 후작의 땅입니다. 아무도 들어가서는 안 됩니다."

정부 관리가 울타리를 지키고 있다가 말했다.

"무슨 소리예요? 이곳은 어제까지만 해도 누구나 사용할 수 있는 마을 공터였다고요!"

마을 사람 중 한 명이 용기를 내어 따졌다. 그러자 사람들이 너도나도 소리 높여 말했다.

"맞아요. 내가 태어날 때부터 여기는 누구나 가축에게 풀을 먹이고 물도 마시게 했던 곳이에요."

"후작님의 땅에서도 농사를 짓고 풀도 먹이고 그랬는데, 갑자기 왜 이러는 거야?"

마을 사람들의 목소리가 점점 거칠어지자 정부 관리는 서둘러 큰 소리로 설명했다.

"이 땅을 스태퍼드 후작이 사들였소. 그리고 이제부터 이곳에서는 양을 기를 것이오."

마을 사람들은 수백 년도 넘게 마을 사람들이 함께 사용했던 땅을 후작이 사들였다는 걸 이해할 수 없었다.

그때 농민 열 명가량이 씩씩거리며 사람들이 모여 있는 곳으로 달려왔다.

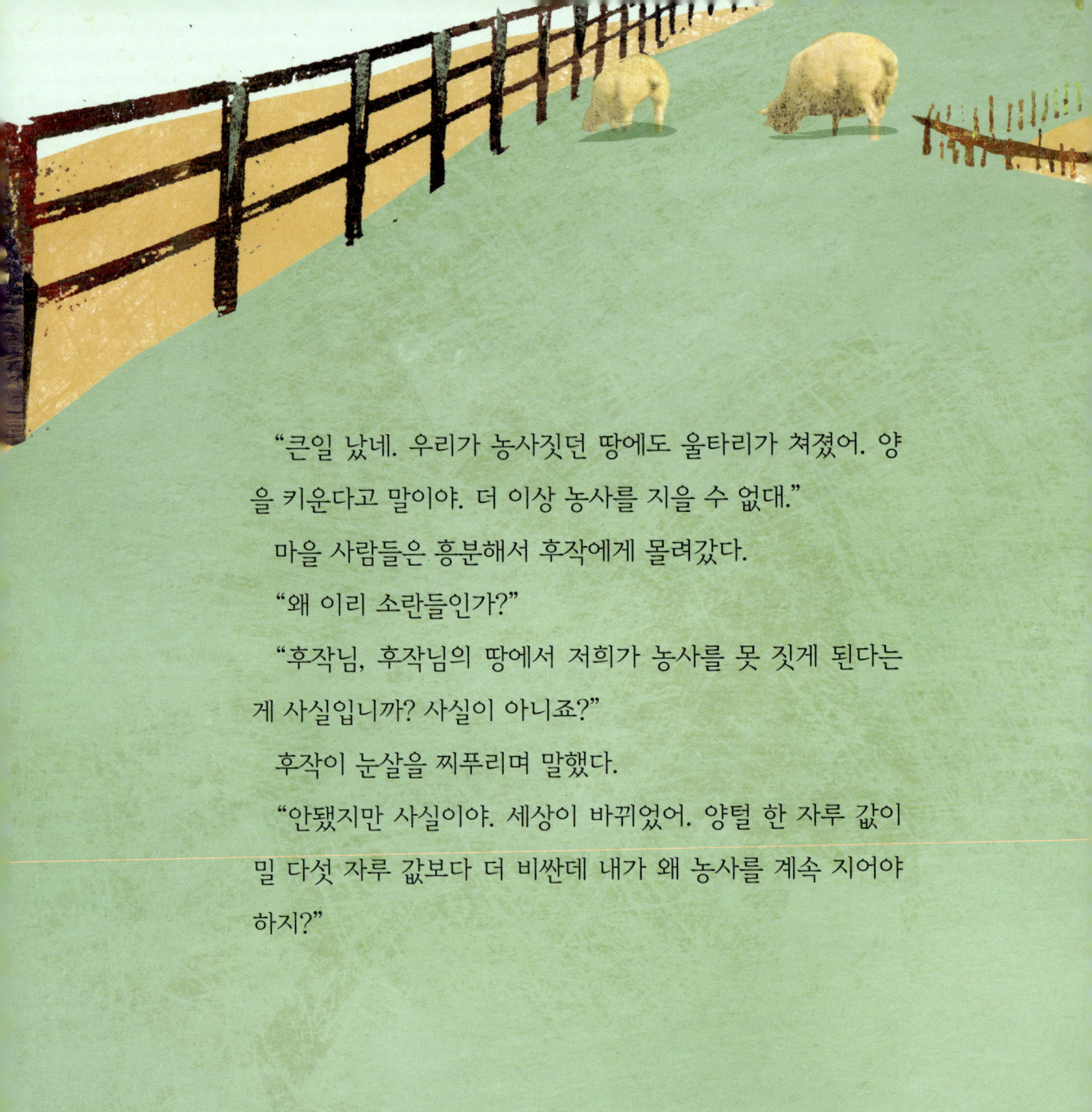

"큰일 났네. 우리가 농사짓던 땅에도 울타리가 쳐졌어. 양을 키운다고 말이야. 더 이상 농사를 지을 수 없대."

마을 사람들은 흥분해서 후작에게 몰려갔다.

"왜 이리 소란들인가?"

"후작님, 후작님의 땅에서 저희가 농사를 못 짓게 된다는 게 사실입니까? 사실이 아니죠?"

후작이 눈살을 찌푸리며 말했다.

"안됐지만 사실이야. 세상이 바뀌었어. 양털 한 자루 값이 밀 다섯 자루 값보다 더 비싼데 내가 왜 농사를 계속 지어야 하지?"

"그럼 우리 마을 사람들은요? 평생 농사만 짓고 살아온 우리는 어디로 가란 말이오?"
"그건 내 알 바 아니지."
후작은 더 이상 할 말이 없다며 안으로 들어가 버렸다.
사람들은 황당한 표정으로 웅성거렸다.
"이건 뭔가 잘못됐어……."

'울타리치기'는 왜 일어났을까?

후작은 왜 울타리를 치고 농민들을 쫓아냈을까요? 맞아요. 후작이 말한 대로 양을 기르기 위해서였어요. 대대로 밀 농사를 지어 온 지역에서 갑자기 양을 기르겠다고 하니 농민들은 어리둥절했지요.

영국은 오래전부터 식민지를 만들어 왔어요. 그리고 그곳에서 생산된 곡물을 비롯한 각종 농산물을 헐값에 들여왔지요. 그러자 영국에서 생산된 곡물 가격이 내려갔어요. 애써 농사를 지어도 제값을 받고 팔 수 없게 되었다는 말이에요. 농사를 지은 농민들은 큰 손해를 보았어요.

이 뿐만이 아니에요. 영국은 식민지에서 들여온 값싼 원료로 공업을 발달시켰어요. 그 중에서도 영국의 섬유 공업은 그 규모가 매우 컸답니다.

섬유 공업의 규모가 나날이 커지면서 원료인 양털의 가격이 계속 올랐어요. 그러자 땅을 소유하고 있던 지주들이 곡물 농사 대신 양을 기르는 데 앞장서요. 서덜랜드 지역의 후작 같은 사람이 대표적인 예가 되겠네요. 그동안 대지주들은 넓은 토지를 나눠서 농민들에게 경작하게 하고, 그 대가를 돈이나 물건으로 받았어요. 그러나 이제는 곡물 농사보다는 양털을 파는 것이 훨씬 이익이 된다는 것을 알게 된 거예요.

대지주들은 자신의 토지에 울타리를 치고 농민들이 드나들지 못하게 해요. 농민들이 살고 있던 공터도 사들여 더 많은 양을 기르려고 했지요. 공업을 육성하는데 온 힘을 기울이고 있던 영국 정부는 이를 눈감아 주거나 오히려 더욱 장려했어요.

이렇게 해서 땅마다 길고 긴 울타리가 생겨났어요. 이렇게 땅에 울타리를 치고 농민을 밖으로 쫓아낸 사건을 '인클로저'*라고 해요.

인클로저

영주나 대지주가 목장이나 대규모 농업을 하기 위하여 공유지나 황무지, 개방된 경지를 울타리나 돌담으로 둘러놓고 개인의 땅으로 만든 일이다. 중세 때부터 19세기까지 유럽, 특히 영국에서 주로 볼 수 있었다. 가장 활발하게 시행된 것은 15~16세기와 18~19세기 두 시기였다. 일반적으로 첫째 시기를 제1차 인클로저, 둘째 시기를 제2차 인클로저라고 한다. 이로 인해 땅을 잃은 농민들은 실업자가 되거나 먹고 살기 위해 고향을 떠나 낯선 도시로 옮겨가 공업 노동자가 되어야 했다.

산업 혁명의 그늘 107

농민들은 왜 공장으로 갔을까?

농민들은 누구나 공장에서 일하는 것을 싫어했어요. 공장 일이 힘들기도 했지만, 그 보다는 노동자가 된다는 것은 자기 땅을 갖고 거기서 일하는 꿈을 버린 사람이라고 생각했기 때문이에요.

하지만 서덜랜드의 농민처럼 경작지를 잃은 사람들은 더 이상 갈 곳이 없었어요. 1814년부터 1820년까지 1만5천 명의 농민들이 서덜랜드 지역에서 쫓겨났어요.

그렇다면 이들 1만5천 명은 모두 어디로 갔을까요? 갈 곳이 없었던 이들은 도시로 가서 뒷골목 노숙자가 되거나 농촌 지역에 들어서는 공장으로 갔어요. 농민들이 가장 싫어하는 공장 노동자가 된 거예요.

공장 노동자가 된 농민들은 서덜랜드 지역만이 아니었어요. 18세기에서 19세기 영국 전역에서 이와 같이 농지가 양을 키우기 위한 목초지로 변했거든요. 그 결과 영국 인구의 3분의 1 이상이 일자리를 찾아 도시로 떠나야 했어요. 노동력 말고는 아무것도 가진 것이 없는 이들은 도시 골목골목을 전전하며 하루 잠자리를 구하는 도시의 빈민들이 되었지요.

도시는 도시대로 갑자기 사람들이 늘어나면서 변화가 생겼어요. 특히 일자리 경쟁이 치열해져서 가난한 사람들은 아주 적은 월급을 받고도 일을 해야만 했어요.

물론 영국에서 시작된 인클로저가 노동자들을 만들어 내려고 일부러 일어난 것은 아니에요. 지주들이 양을 키워 돈을 벌겠다는 일념 때문에 시작된 것이지요. 그러나 결과적으로 인클로저는 농민들을 궁지에 몰아넣어 노동자가 될 수밖에 없는 상황을 만들었어요. 워낙 많은 사람들이 한꺼번에 가난한 실업자가 됐기 때문에 공장의 사장들은 값싼 노동력을 쉽게 구할 수가 있었어요. 인클로저 덕을 톡톡히 본 셈이지요.

증기 기관의 발명은 어떻게 산업 혁명에 기여했나?

증기 기관

보일러에서 보낸 증기의 팽창과 응축을 이용하여 피스톤을 왕복 운동시킴으로써 동력을 얻는 기기이다. 증기 기관에 대한 기초적인 발명은 이미 17세기부터 이루어져 있었지만, 제임스 와트가 새롭게 발전시키기 전까지는 실제로 산업에는 이용하지 못하고 있었다.

1765년에 영국의 제임스 와트가 증기 기관*을 발명했어요. 증기 기관은 적은 연료를 사용해서 동력을 얻어내는 획기적인 발명으로, 영국의 산업 혁명을 일으키는 중요한 계기가 됐어요. 각종 기계가 발명되고 기술 혁신이 일어나면서 여러 공장들이 생겨났고, 제품들을 대량으로 생산할 수 있게 되었어요. 특히 증기 기관을 이용한 기차와 증기선이 등장함으로써 교통이 발달하게 되지요. 예전에는 마차로 한 달 동안 달려야 도착할 수 있었던 거리를 하루 만에 도달할 수 있는 세상이 된 거예요.

당시 영국은 세계의 공장이라 할 만큼 비약적으로 공업이 발달하고 있었어요. 그만큼 화물을 빠르게 운송해야 했지요. 상품을 아무리 빨리 많이 생산한다 하더라도 그것을 운반하여 팔 수 없다면 아무 소용이 없으니까요. 기차의 발달은 이런 점에서 매우 중요했어요. 이 때문에 영국의 공업과 상업은 더욱 발전했지요.

또한 증기 기관은 타이타닉 호와 같은 거대한 증기선을 만들 수 있게 했어요. 바람과 파도의 흐름에 의존해서 항해하던 시대가 끝난 거예요. 영국에서 미국으로의 항해는 보다 손쉬워졌고, 미국에서 생산한 면화를 영국으로 빠르게 운송하는 일이 가능해졌어요. 이 모든 여건들은 영국의 산업 혁명을 촉진하는 계기가 됐어요.

산업 혁명은 사람들의 생각과 생활을 전혀 다르게 바꾸어 놓았어요. 기계로 물건을 만들어 내면서 가족 수공업 방식은 몰락하고, 공장에서 대량으로 물건을 만들어 내는 공장 생산 체제로 바뀌었어요. 공장 노동자들은 이제 기계의 움직임에 따라 일하는 단순 노동자가 되어 갔어요.

'보이지 않는 손'

18세기 유럽은 공업과 상업을 발전시키면서 많은 돈이 쌓여 갔어요. 바야흐로 자본주의 시대가 열리고 있었지요. 그렇다고 모두가 다 성공하거나 부자가 된 것은 아니에요.

아주 소수의 사람들, 일테면 국왕의 명을 받들어 식민지를 개척했거나, 국왕의 창고에 온갖 보물을 채워 주었던 사람들만이 이 대열에 낄 수 있었지요.

이들은 국왕에게 필요한 모든 재정적인 지원을 아끼지 않았어요. 그 대가로 국왕은 그들에게 상업과 무역을 독점하게 해 주었지요. 국왕의 허락을 받아야 무역을 하고, 공장을 만들고, 물건을 팔 수 있었으니까요.

당시에는 세세한 부분까지 국왕이 정한 법률의 간섭을 받아야 했어요. 그러다 보니 공장의 사장이 되는 것도, 무역을 해서 돈을 버는 것도 다 국왕이 보호하는 소수의 사람들에게만 돌아갔어요. 당연히 많은 사람들이 불만을 가질 수밖에 없었지요. 특히 상업으로 돈을 많이 모은 상인들은 더 자유롭게 무역을 하고 싶고, 더 큰 공장을 짓고 싶은데 그럴 수가 없어서 불만이 아주 컸어요. 그때 책 한 권이 출간되었어요.

"시장에 대해 정부는 간섭하지 말아야 한다. 시장의 원리에 맞게 움직일 수 있도록 시장을 그냥 내버려 둬라. 그래야 국가가 더욱 부강해진다."

라고 주장하는, 애덤 스미스*의 『국부론』이라는 책이었어요. 이 책은 출간되자마자 베스트셀러가 되었어요. 하지만 애덤 스미스의 주장에 대해 반대하는 사람들도 많았어요.

"무슨 소리야? 국가가 뭐든 다 정해 주어야지. 국가가 물건의 가격을 정해 주지 않으면 골탕 먹는 건 소비

> **애덤 스미스**
>
> 영국의 경제학자이자 도덕 철학자로, '경제학의 아버지'로 불린다. 경제학을 처음으로 이론·역사·정책에 도입하여 체계화시켰다.

자들이라고. 만약 구두를 사고 싶어 하는 사람이 많아지는데 국가가 물건 가격이나 생산량을 정해 주지 않는다고 생각해 봐. 값이 터무니없이 높아질걸!"

이러한 반대 의견에 대해 스미스는 이렇게 말했어요.

"아닙니다. 당장은 구두 가격이 높아져서 소비자들이 피해를 보는 것 같고, 운동화 공장도 피해가 큰 것 같지만 시장은 알아서 조절할 수 있습니다."

도대체 어떻게 그게 가능하다는 말일까요?

"구두 공장과 운동화 공장이 있다고 가정해 봅시다. 어느 해에 구두를 사고 싶어 하는 사람이 많아졌다고 생각해 보세요. 구두를 사고 싶어 하는 사람이 많아지니 구두는 가격이 오르고, 반대로 운동화는 내리겠지요?"

그렇겠지요. 그런데 어떻게 가격이 저절로 조정될 수 있다는 걸까요?

"우선 운동화를 찾는 사람이 많지 않기 때문에 운동화를 생산하던 공장은 구두 생산으로 바꿀 것입니다. 그리고 구두는 찾는 사람이 많아졌으니 새롭게 공장이 생기겠지요. 그러면 생산량이 늘어나게 되고 가격은 다시 낮아질 겁니다. 그리고 운동화 생산이 줄어들면 운동화 가격은 다시 오르겠지요."

스미스의 주장은 정부가 시장에 간섭하지 말고 그대로 둔다면 시간이 조금 걸리더라도 가격이 알아서 조정될 거라는 거였어요.

"그렇습니다. 시장은 자기 나름대로 자율적으로 조정하는 능력이 있습니다. 이게 바로 '보이지 않는 손'이라는 거죠."

이렇게 애덤 스미스는 시장에 '보이지 않는 손'이 작동하도록 해야 한다고 주장했어요.

> **부르주아지**
>
> 귀족은 아니지만 상업으로 돈을 모은 사람들, 토지를 갖고 있는 농민들, 공장을 만들기 시작한 사람들, 자기 병원을 갖고 싶었던 의사들, 자신의 법률 회사를 차리고 싶었던 변호사 들처럼 지식과 재산이 풍부하여 귀족 못지않게 영향력을 갖게 된 사람들을 '부르주아지, 자본가 계급'이라고 한다. 부르주아지와 반대로 못 배우고 가난한 무산 계급을 '프롤레타리아트'라고 한다.

하지만 반대하는 사람들의 목소리는 더욱 높았어요. 애덤 스미스의 주장은 당시에 무역과 공업을 독점하고 있던 소수 자본가와 국왕에게 썩 내키지 않는 주장이었을 뿐 아니라 위험하기 그지없는 주장이었으니까요. 그러나 자유롭게 이익을 추구하고자 했던 다수의 상공업자들한테는 마음에 아주 쏙 드는 주장이었어요.

'누구나 자신의 이익을 위해 자유롭게 경쟁할 수 있고, 능력 있는 자는 자본가가 될 수 있는 세상', 이러한 꿈은 당시 지식과 부를 쌓아 새롭게 등장한 부르주아지(자본가 계급)*들에게 커다란 자극이 되었어요. 이들은 자본가가 주인이 되는 자본주의 사회를 꿈꾸며 세력을 넓혀 갔어요.

애덤 스미스는 왜 정부의 간섭을 반대했나?

애덤 스미스는 왜 정부가 나서서 시장에 간섭하는 것을 반대했을까요? 그것은 18세기 유럽의 상황과 깊은 관련이 있어요.

18세기 유럽의 나라들은 식민지 정책으로 엄청난 부를 쌓고 있었어요. 하지만 그 혜택은 국왕과 귀족, 대상인과 몇몇 소수 기업가들에게만 돌아갔지요. 나라의 모든 법률도 이들 소수 대상인과 기업가들을 위한 조항들로 가득 차 있었어요. 무역에 대한 권한도 이들에게만 주어졌기 때문에 나라에서 생산한 공산품은 이들의 허락 없이는 수출할 수 없었어요. 그러다 보니 국왕과 가까운 기업만이 자유롭게 기업 활동을 할 수 있을 뿐 다른 많은 기업과 상인들은 자유롭게 돈을 벌 수 없었어요.

당연히 이런 정책을 못마땅하게 생각하는 사람들이 많았겠지요. 돈은 많지만 제대로 장사할 수 없는 상인들, 땅에서 수확한 것을 마음대로 수출할 수 없는 농민들, 교육받았지만 자유롭게 뜻을 펼칠 수 없는 지식인 같은 부르주아지들은 점점 불만이 쌓여 갔어요.

이럴 때 애덤 스미스의 『국부론』이 출간된 거예요. 이들은 국가가 나서서 상인을 돕거나 무역하지 말고 시장 경쟁에 맡겨야 한다는 내용을 자기들에게 유리하게 해석하며 국왕을 압박했어요.

시민 혁명은 왜 일어났을까?

이처럼 자유로운 시장을 간절히 원했던 사람들은 누구보다도 국왕의 간섭 없이 자유롭게 돈을 벌고 싶어 했어요. 상인들은 정해져 있는 물건 외에도 사고파는 물건이 더 많기를 원했고, 공장을 지은 사람들은 정해진 생산량보다 더 많은 물건을 만들어 팔기를 원했지요. 농민들도 마찬가지로 자신의 땅에서 더 많은 곡물을 생산하고 자유롭게 팔고 싶어 했고요.

하지만 국왕은 끝까지 이들의 요구를 들어주지

않고 소수의 귀족과 성직자, 대상인이나 기업만을 위한 정책을 펴며 키워 주었어요. 이제 사람들은 시장의 자유를 얻기 위해서는 낡은 법률과 제도를 바꿔야 하고 그러려면 국가와 싸워야 한다는 것을 깨닫게 돼요.

부르주아지들은 앞장서서 가난과 기아에 허덕이는 노동자들, 일자리를 잃은 수공업자들, 땅에서 쫓겨난 농민들과 함께 낡은 정부를 쫓아내는 싸움을 벌여요. 그 대표적인 사건이 바로 '프랑스 혁명'이지요. 프랑스 혁명*은 당시 프랑스 국왕이었던 루이 16세를 왕위에서 끌어내리고 그동안 온갖 특권을 누렸던 모든 귀족들도 함께 처형한 대 사건이었어요.

그러나 혁명에 성공한 부르주아지들은 지배적 위치를 차지하자 혁명에 앞장섰던 가난한 농민과 노동자들의 요구보다는 자신들의 요구를 더 앞세워 정부를 만들었어요. 그리고 자신들에게 유리하게 법과 제도를 정비해 나갔지요.

프랑스 혁명

1789년부터 1799년까지 프랑스에서 일어난 시민 혁명으로, 전국민이 자유로운 개인으로서 평등한 권리를 가질 것을 추구하였다. 그 결과 오랫동안 이어온 봉건주의가 무너지고 부르주아지 체제가 확립되었다.

5장

세계 경제의 새로운 도약

서유럽을 중심으로 발달한 산업화는 20세기 이후 세계 곳곳으로 확산돼요. 하지만 산업화와 시장 경제의 발달이 좋은 결과만을 가져온 것은 아니에요. 특히 1929년, 미국에서 시작된 경제 공황은 전 세계 경제를 위기로 몰아 넣었지요. 수많은 기업이 파산했고, 공장이 문을 닫았어요. 그로 인해 실직자가 수천만 명이나 생겼고요. 이제 사람들은 시장이 저절로 알아서 모두에게 이익을 줄 것이라는 주장을 믿지 않게 되었어요.

2차 세계 대전 이후 미국과 서유럽의 많은 나라들은 대공황의 악몽을 다시 겪지 않기 위해 고군분투했어요. 정부가 앞장서서 경제 정책을 수립하고 복지 정책을 펴는 등 시장에 간섭하기 시작했지요. 이를 '수정 자본주의'라고 해요.

각 나라들이 서로 협력하여 세계적인 경제 문제를 해결하기 위한 목적으로 각종 무역 기구와 경제 협력 기구가 만들어지기도 했어요.

변화무쌍했던 20세기 경제를 들여다볼까요?

미국 주식 시장의 몰락과 세계 대공황

1929년 10월 29일 아침, 미국의 유명한 담배 회사 사장은 혼자 사무실에 앉아 전화기를 뚫어져라 보고 있었다. 핏기 없이 창백한 얼굴에는 피로의 빛이 역력했다.

"이제 누구한테 하지?"

사장은 조금 전까지 무려 열세 군데에 전화를 걸었다. 하지만 모두 약속이라도 한 듯 똑같은 대답뿐이었다.

"방금 전 우리 회사 주식이 휴지 조각이 됐네……."

사장은 떨리는 손으로 다시 전화기를 들었. 가장 영향력 있는 은행가, 아서 로버트슨이라면 지금의 악몽에서 자신을 건져 줄 지도 모른다.

"로버트슨, 제발 부탁이네. 2억 달러만 대출해 주게."

하지만 로버트슨은 조용히 말했다.
"미안하지만 빌려 줄 수가 없네. 아직 잘 모르나 본데, 그 돈으로도 지금 사태는 막지 못할 걸세."
잠시 후 사장은 회사 창문에서 뛰어내렸다.
이날, 이 담배 회사 사장 말고도 열 명이나 되는 기업가가 자살을 했다.

공황은 왜 일어났을까?

1차 세계 대전 이후 1929년까지 미국의 경제는 나날이 성장하고 있었어요. 사람들의 관심은 온통 하루가 다르게 오르는 주식에 쏠려 있었지요. 매주 15달러씩 주식에 투자하면 5년 안에 큰 부자가 될 수 있다는 믿음이 미국 국민들 사이에 번져 나갔어요. 하지만 실제 경제력보다 터무니없이 오른 주식 가격은 끝내 그 끝을 알리고 불안 심리가 퍼져 나가면서 하루아침에 곤두박질쳤어요.

이 바람에 주식으로 돈을 벌고자 했던 개인 투자자가 몰락했고 기업들이 파산하기 시작했어요. 은행도 안전하지 못했어요. 은행에서 돈을 빌려간 이들이 돈을 갚지 못하니 은행들도 차례로 파산 선고를 할 수밖에 없었지요. 9백만 명의 예금통장이 순식간에 쓸모없는 휴지 조각이 되어 버렸어요.

　돈을 날려 버린 사람들은 당연히 소비를 할 수 없었고, 기업들은 물건을 팔 수 없게 되자 생산을 줄이고 직원들을 해고했어요. 다시 실업자가 쏟아져 나오고 그 때문에 또 파산하는 기업이 생겼고요. 이렇게 파산하는 기업과 실업자가 계속해서 늘어만 갔어요. 이와 같은 악순환이 거듭되면서 미국 경제는 불황이라는 끝 모를 수렁에 빠졌어요. 이를 '경제 공황'이라고 해요.

　이렇게 시작된 경제 공황은 그동안 산업화를 통해 이룩해 놓은 전 세계 자본주의 경제를 송두리째 흔들어 놓았어요.

　경제 공황이 시작된 지 불과 3년 만에 주요 산업 국가의 공업 생산액은 공황 이전의 60퍼센트 수준으로 떨어졌어요. 가장 극심한 피해를 당한 미국은 성인 남자 네 명 가운데 한 명이 실업자가 될 정도로 심각했지요.

　그런데 문제는 경제 공황이 미국에서 그치지 않고 세계적으로 확산

> **시장의 자동 조정 능력과 경제 공황**
>
> 19세기 이후 과학 기술이 발달하면서 생산력도 엄청나게 늘었다. 그러자 기업들의 경쟁이 치열해졌고, 살아남아 이익을 크게 하려고 기업들은 다른 기업과 합쳐 독점기업을 만들었다. 독점기업이 된 기업들이 너도나도 마음대로 가격을 올리면서 시장 가격의 자동 조정 능력이 약해졌다. 그러자 생산이 수요보다 많아지는 '과잉 생산' 현상이 일어나 1930년대 대공황이 일어났다. 이로 인해 빈부의 격차는 더욱 벌어졌고, 자본주의 시장 경제는 큰 위기를 맞게 된다.

되었다는 거예요. 미국 증시의 몰락은 세계 증시의 몰락으로 이어졌고, 국제 무역도 보호 무역으로 치달으면서 세계 전체 무역량이 3분의 1로 줄었어요.

국가가 시장에 개입하라!

그런데 당시 경제학자들은 대공황의 불행을 눈앞에서 보면서도 "시장 스스로 공황을 이겨내고 다시 저절로 경기가 좋아질 때까지 기다려야 한다."고 주장했어요.

"임금이 떨어질 대로 떨어지면 노동자들을 다시 고용하게 되고, 물가가 떨어질 대로 떨어지면 자동적으로 소비도 광범위하게 일어날 것이다."라며 시장의 자동 조정 능력을 믿고 싶어 했지요.

하지만 불행히도 기업들은 노동자를 새로 고용하거나 새롭게 투자를 하지 않았어요. 소비자들은 최소한의 생필품을 구할 돈조차 없었고요. 더 이상 시장의 자동 능력을 믿고만 있을 수 없는 상황에 이른 거예요. 이때 영국의 경제학자 케인스*가 이전의 경제학자들과는 전혀 다른 해결책을 제시했어요.

"국가가 나서서 일자리를 만들고 시장의 문제를 점검하고 해결하라! 기업들이 투자는커녕 고용조차 하지 않으니 경제가 제대로 돌아가지 못하고 있다. 이제 정부가 나서서 투자하라. 그러면 곧 새로운 일자리가 만들어질 것이고, 이는 국민들의 소득으로 이어질 것이다. 소득이 생기니 소비를 할 수 있고, 소비가 활성화되면 민간 기업의 투자도 살아날 것이다."

미국을 비롯한 다른 많은 정부들이 케인스의 처방을 받아들였어요. 특히 1933년에 집권한 미국의 루스벨트 대통령은 '뉴딜 정책'을 실시하여 대공황을 극복한 것으로 유명해요.

뉴딜 정책은, 국가가 시장에 적극적으로 개입하여 여러 정책을 추진하는 걸 뜻해요. 농산물을 심고 가꾸는 것에서부터 공산품을 생산하고 판매하는 데에도 적극적으로 관여했어요. 동시에 실업자를 구제하기 위한 각종 사업을 광범위하게 실시하였고, 대규모 공공시설 투자 같은 사업들을 추진했어요. 특히 농민들에 대한 지원을 아끼지 않고 함으로써 이후 미국 농업을 세계 최강으로 만들어 놓았어요.

케인스

영국의 경제학자이자 언론인이다. 경제 공황을 극복하기 위해 정부가 시장에 보다 적극적으로 간섭하고 정부 지출을 늘려 대량 실업을 없애고 완전고용을 달성하라고 촉구했다. '케인스 경제학'이라고 불리는 이 이론은, 재정 정책의 필요성과 국가가 경제에 개입할 수 있는 길을 열었다는 데 큰 의미가 있다. 세계 대전 이후 각국의 경제 정책과 사회 보장 이론에 많은 영향을 주었다.

2차 세계 대전 이후 자본주의의 재건

"만약 유럽의 나라들이 미국에 경제 원조를 요청한다면 미국은 그에 응해야 합니다."

1947년 6월 5일, 하버드대 졸업식에서 미 국무장관 마셜은 졸업생들을 대상으로 이런 연설을 했다. 졸업식에 전혀 어울리지 않는, 이 정치적 발언 때문에 미국 정치계는 발칵 뒤집혔다.

"이게 말이 됩니까? 가뜩이나 지금 우리도 어려워 죽겠는데 다른 나라를 돕겠다니요? 온전한 정신입니까?"

정치인들의 주장대로 당시 미국은 2차 세계 대전이 끝나고 물가가 치솟기 시작해서 국

민들의 생활이 매우 어려웠다.

　그런데 당시 미국 대통령이었던 트루먼은 마셜의 생각을 지지했다.

　"미국이 지금 겪고 있는 인플레이션은 전쟁이 끝나고 나서 그동안 참아 왔던 소비 욕구가 터져 나온 것입니다. 우리는 이런 소비 욕구를 충족시켜 줄 수 있는 생산 능력이 있습니다. 따라서 지금의 경제 위기는 오래가지 않을 것입니다. 하지만 유럽의 나라들이 재건에 성공하지 못한다면 미국 또한 더 많은 이익을 얻기는 어렵습니다."

　트루먼 대통령은 미국 내의 여론을 모아 결국 유럽에 대대적인 경제 원조를 하게 된다. 이른바 '마셜 플랜(유럽 부흥 계획)'을 실행한 것이다. 미국은 유럽 16개국을 대상으로 총 130억 달러 이상을 지원했으며, 유럽인 30만 명 이상을 미국 국민으로 받아들였다. 이처럼 서유럽 국가들은 마셜 플랜으로 경제적으로 자립할 수 있는 발판을 마련할 수 있었다.

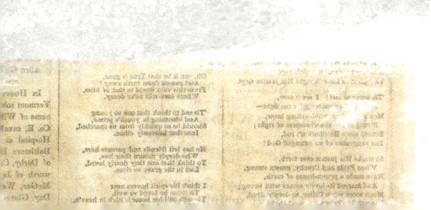

미국은 왜 유럽 살리기에 발 벗고 나섰을까?

제2차 세계 대전*이 끝나갈 무렵 유럽은 다시 일어서기에 어려운 처지에 놓여 있었어요. 전쟁에 참가한 모든 나라들이 전쟁을 치르느라 많은 도시들이 폭격을 당하고, 인구가 줄고, 국토도 심각하게 훼손되었지요. 단지 유럽의 몇몇 나라들만 피해를 입지 않았어요. 하지만 그 나라들 역시 유럽을 휩쓸었던 전쟁의 여파에 시달려 극심한 경기 불황을 겪어야만 했어요.

극심한 경기 불황과 전쟁으로 황폐해진 국민들은 이제 국가와 자본주의 체제에 강한 불만과 불신을 나타냈어요.

위기를 느낀 유럽 각 나라들은 국민들로부터 신뢰를 얻고, 망가진 경제와 정치, 사회 등 모든 분야를 다시 일으켜 세우기 위해 개혁을 단행했어요.

하지만 이러한 모든 개혁을 추진하는 데에는 엄청난 자금이 필요했어요. 이런 때에 미국의 마셜이 유럽을 살리겠다며 경제 원조를 제안하니 유럽 국가들로서는 여간 반가운 소식이 아닐 수 없었지요.

유럽의 각 나라들은 즉각 회담을 제안해요. 16개국 대표들이 파리에 모여서 '유럽 경제 협력 회의'를 개최하지요. 서유럽의 모든 자본주의 국가와 중립국인 스웨덴과 스위스가 포함된 이 회의를 계기로 유럽 협력 기구가 창설되었어요. 미국은 유럽 협력 기구에 자금을 원조하고, 이 기구가 협의를 통해 각 국가에 필요한 자금을 배분하는 기능을 담당했지요.

그런데 왜 미국은 돈까지 대가며 유럽의 재건에 앞장섰을까요? 사실 미국은 2차 세계 대전에도 전쟁의 피해를 직접적으로 입지 않았어요. 오히려 전쟁 중에 경제적 강대국으로 성공한 나라였지요. 유럽의 거의 모든 나라들이 전쟁터로 변해 있는 동안 미국은 공업과 농업을 안정적으로 성장시켰어요. 거기에다 유럽 각 나라들이 전쟁에 휩쓸리는 통에 미국에서 생산되는 공산품을 필요로 하는 소비자가 엄청

제2차 세계 대전

1939년 9월부터 1945년 8월까지 일본, 독일, 이탈리아 등 파시즘 국가와 미국, 영국, 구소련 등 연합군 간에 벌어진 세계 전쟁이다. 인류 역사상 가장 많은 인명 피해와 재산 피해를 남긴 가장 참혹했던 전쟁이기도 하다. 이때, 우리나라를 비롯한 아시아, 아프리카의 민족들이 식민지에서 해방되어 독립했다. 전쟁 후, 유엔(UN)이 만들어졌고, 미국을 중심으로 한 자유 진영과 구소련을 중심으로 한 공산 진영으로 나누어져 동서 냉전이 시작되었다.

늘었지요. 농산물 역시 가치가 높아졌고요. 이렇게 미국은 오히려 세계 대전으로 엄청난 이익을 보았어요. 생산 설비를 전면 가동시키고 기술을 계속 발전시켜 현대화하기까지 했지요.

하나도 아쉬울 것이 없는 미국이 유럽을 돕겠다고 나선 데에는 다 그럴 만한 이유가 있었어요. 미국을 중심으로 한 자본주의 동맹국이 제대로 돌아가야 미국에게도 큰 이익을 안겨 주기 때문이지요.

2차 세계 대전이 끝나고 세계는 미국을 중심으로 한 자본주의 진영과 구소련을 중심으로 한 공산주의 진영으로 나누어져 있었어요.

미국 입장에서는 어떻게 해서든 공산주의 세력을 약하게 하고 자본주의 동맹국의 힘을 키워야지만 미국의 이익을 장기적으로 보장받을 수 있다고 판단했지요. 이런 미국의 의도대로 미국은 전쟁 중에 벌어들인 돈을 유럽 경제 살리기에 투자함으로써 세계적인 강대국으로 인정받게 돼요. 뿐만 아니라 이때부터 미국의 화폐인 달러는 세계적인 화폐로 사용하게 되지요. 미국이 세계 경제를 주도하게 되었다는 뜻이에요.

> 우리 미국이 도와 줄게. 이리 와서 줄들 서라고!

유럽의 재건 정책이 성공한 까닭은?

미국의 경제 원조로 경기를 살릴 수 있는 토대를 마련한 유럽 국가들은 미국에 뒤처진 생산 기술을 복구하고 개발하는데 총력을 기울였어요. 특히 교육에 많은 투자를 했어요. 무상 교육을 실시하고 교육의 질을 개선하는 등 꾸준히 힘을 쏟았지요.

이 정책은 결과적으로 경제 발전에도 크게 이바지했어요. 왜냐하면 기술 대학, 종합 대학, 연구소 등 전문 교육 기관을 국가가 운영하면서 신기술 개발을 주도할 수 있었고, 무엇보다 국민의 지적 수준이 크게 향상되었기 때문이에요. 이는 다른 나라와의 경쟁에서 앞설 수 있는 강력한 무기가 되었어요. 이후 유럽은 기술력과 문화적 발전을 거듭하며 성장해 갔어요.

세계화 시대, 왜 빈부의 격차는 커져만 갈까?

유럽의 재건 정책에 나타난 것처럼 미국을 비롯한 유럽 자본주의 국가들은 대공황과 2차 세계 대전을 겪은 후 꾸준히 복지정책을 폈어요. 구소련을 중심으로 한 사회주의 국가와의 경쟁도 이런 분위기를 조장했지요.

그런데도 여전히 부자와 가난한 사람들의 격차가 좁혀지지 않았어요. 이건 자본주의 속성상 어쩔 수 없는 부분이기도 해요. 모든 것이 시장에서 경쟁을 통해 결정되는 자본주의 경제는 경쟁에서 이긴 승자들이 많은 것을 얻을 수 있어요. 하지만 자본이 부족한 중소기업이나 자영업자들, 특히 가난한 사람들이 경쟁에서 이길 수 있는 길은 아주 좁아요. 당연히 부자와 가난한 사람들 간의 격차가 자꾸만 벌어질 수밖에 없지요. 그래서 이러한 문제를 보완하기 위해 유럽 각 나라들은 교육과 의료를 무상으로 하거나 국가가 보조해 주는 정책을 실시했던 거예요. 건강과 교육에서만큼은 불평등한 조건을 최대한 줄이고자 한 것이지요.

그러나 1980년대 들어 커다란 변화가 일어나요. 구소련을 중심으로 자본주의 국가들과 대립하고 있던 사회주의 경제 체제가 무너진 거예요. 이것은 전 세계가 자본주의라는 경제 체제로 움직이게 되었음을 뜻해요. '세계화'니, '지구촌'이니 하는 말들이 낯설지 않게 된 것도 이 즈음이에요.

이제 각 나라들은 나라 안에서는 물론이고 나라 밖에서도 더 많은 자본을 확보하려고 치열한 경쟁에 돌입하게 돼요. 나라마다 복지정책보다는 기업 성장에 더 많이 투자를 하기 시작했지요. 국민의 평등하고 윤택한 삶을 위한 복지정책은 점점 뒷걸음질 치게 돼요.

우리나라 정부도 세계 시장에서 경쟁하는 초일류기업들의 경쟁력을 키우기 위해 기업을 위한 정책에 몰두했어요. 기업이 돈을 더욱 많이 벌 수 있도록 노동자를 고용하는 일도, 해고하는 일도 좀 더 자유롭게 만들어주었고요. 이렇게 초일류기업들은 국가의 지원 아래 나날이 엄청난 부를 쌓게 되지요. 하지만 그럴수록 가난한 국민들 역시 나날이 늘어만 갔어요. '양극화 현상'이 심각해진 거예요.

양극화 현상은 우리나라뿐 아니라 세계화 시대를 살고 있는 전 세계에서 공통적으로 나타나고 있어요. 자본주의 국가들이 너도나도 경쟁을 앞세우며 초일류기업들을 키우고 있을 때 경쟁에서 탈락한 중소기업과 개인들은 빈곤이라는 벼랑으로 내몰린 채 하루하루 고통스러운 삶을 살고 있어요.

경제 역사에서 자본주의는 능력에 따른 경쟁을 통해 이익을 얻을 수 있는 유일한 체제예요. 하지만 그 경제 체제가 지금은 물론 앞으로도 계속 의미 있기 위해서는 누구나 경쟁에 참여할 수 있는 기회가 보장되어야 해요. 만약 지금과 같이 강한 자들만의 경쟁, 부자들 간의 경쟁, 그리고 부자 자식들 간의 경쟁 중심으로 돌아간다면 자본주의 경쟁에서 소외된 수많은 사람들은 구경꾼의 자리에 머물러야 할 거예요. 주인공과 구경꾼으로 명확하게 분리된 세상에서 구경꾼으로 살고 싶은 사람이 있을까요?

우리가 경제 활동을 하는 가장 큰 이유는, 잘 먹고 잘살기 위한 거예요. 소수 몇몇이 주인공이 아닌 우리 모두가 주인공이 되는 세상을 꿈꾸는 것이지요. 이런 꿈이 한낱 공상이 되지 않으려면 어떻게 해야 할까요? 여러분이 답을 찾아보세요.